Christoph Fleischer

# Du, Gott, ich sing jetzt neue Lieder

Christoph Fleischer

# Du, Gott, ich sing jetzt neue Lieder

## Predigten und Psalmengedichte

Fromm Verlag

**Impressum/Imprint (nur für Deutschland/ only for Germany)**
Bibliografische Information der Deutschen Nationalbibliothek: Die Deutsche Nationalbibliothek verzeichnet diese Publikation in der Deutschen Nationalbibliografie; detaillierte bibliografische Daten sind im Internet über http://dnb.d-nb.de abrufbar.


Contact:
International Book Market Service Ltd., 17 Rue Meldrum, Beau Bassin, 1713-01 Mauritius
Website: www.bookmarketservice.com
Email: info@bookmarketservice.com

Gedruckt in: USA, UK, Deutschland. Dieses Buch wurde nicht in Mauritius produziert.

**Imprint (only for USA, GB)**
Bibliographic information published by the Deutsche Nationalbibliothek: The Deutsche Nationalbibliothek lists this publication in the Deutsche Nationalbibliografie; detailed bibliographic data are available in the Internet at http://dnb.d-nb.de.


Contact:
International Book Market Service Ltd., 17 Rue Meldrum, Beau Bassin, 1713-01 Mauritius
Website: www.bookmarketservice.com
Email: info@bookmarketservice.com



Printed in: U.S.A., U.K., Germany. This book was not produced in Mauritius.

**ISBN: 978-3-8416-0138-4**

# INHALTSVERZEICHNIS

# Vorwort

Vorlage für die Psalmengedichte ist die Bibel in der Übersetzung der Guten Nachricht. Sie hat die Sprache der Bibel verständlich gemacht, jedoch die Lyrik der Bibel nicht so wiedergegeben wie im hebräischen Urtext oder der sprachgewaltigen Lutherbibel. Daher habe ich für die Psalmengedichte den schlichten Endreim gewählt und den im Deutschen als Redundanz empfundenen Parallelismus aufgelöst. Außerdem ließen sich die Verse so vertonen oder auf bekannte Gesangbuchmelodien singen, wie z. B. das Gedicht zu Psalm 104 (S. 106) zum Lied eg 490, „Der Tag ist um ...“ passt. (Evangelisches Gesangbuch, Ausgabe für die Evangelische Kirche im Rheinland, die Evangelische Kirche von Westfalen und die Lippische Landeskirche, Gütersloh, Bielefeld, Neukirchen-Vluyn, 1996, später abgekürzt RWL).

Der Inhalt der Psalmengedichte ist zwar am Urtext angelehnt, ich habe jedoch die sprachlichen Bilder modernisiert. Die Inhalte habe ich mit Psalmenkommentaren überprüft, Aufrufe zu Krieg und Gewalt habe ich weggelassen. Die Anrede Gottes ist zu Beginn jedes Verses mit *„Du, Gott, ...“* wiedergegeben, die die Gebetsform deutlich macht.

Die Predigten entstanden durch die Arbeit im Vertretungsdienst des Evangelischen Kirchenkreises Soest in der Westfälischen Kirche. Manchmal fließen Erfahrungen aus der Seelsorge oder dem Schuldienst ein. Beobachtet man die Gottesdienste in den Ortsgemeinden, so stellt man fest, dass viele Gottesdienste von gemeindlichen Anlässen geprägt sind, in denen die Gemeindepfarrer präsent sind. Vertretungsgottesdienste dagegen sind, unabhängig von aktuellen Ereignissen des Gemeindelebens, eher von den liturgischen Vorgaben des Predigtplans und des Sonntagsthemas bestimmt. Zusätzlich habe ich als Vertretungspfarrer die Möglichkeit, in der Gestaltung der Predigt Akzente zu setzen. Die Besucher solcher Sonntagsgottesdienste sind neben Presbyterinnen und Presbytern, der Küsterin, dem Organisten, die Konfirmanden, einige ältere Menschen und einige Zufallsbesucher eventuell aus Anlass vorangegangener Amtshandlungen wie Beerdigungen. Da ich als Vertretungspfarrer viele dieser Besucher nicht persönlich kenne, nehme ich die rhetorische Aufgabe der Predigtvorbereitung und Darbietung ernst. Die Predigt beginnt mit der Verständigung mit dem Hörer sowie einer Beschreibung der Predigtfrage oder des Predigtthemas. Der Predigttext kann wie gewohnt zuvor verlesen werden, da die eigentliche Anrede erst mit „Liebe Gemeinde“ beginnt.

Zu den Predigttexten ist zu sagen, dass hier die Bibeltexte nicht weggelassen werden, da für jede Predigt bewusst der Text aus einer bestimmten Bibelausgabe gewählt wurde. Die Predigt setzt den Wortlaut des Bibeltextes voraus und greift diesen hin und wieder im Zitat auf. Die Verlesung des Textes ist Teil der Predigt. Der Aufbau der Predigt folgt keinem festen Schema, ist jedoch an der klassischen Rhetorik orientiert, die die *Narratio*, eine erzählende und darbietende Entfaltung des Themas von der eher kognitiven *Argumentatio* trennt. Der Schluss kommt auf die Predigtfrage in Sinn der *Conclusio* zurück, meist ohne Zusammenfassung des Gesagten. Die meisten Predigten enden mit einem kurzen Impulssatz.

## Dank

An diesem Buch haben mitgewirkt: Markus Chmielorz (redaktionelle Beratung) und Sebastian Schwarz (grafische Beratung). Zu danken ist den Gemeinden, ohne die es diese gedruckten Predigten nicht gäbe. Meiner Frau Ruth Fleischer-Schwarz danke ich für ihre unendliche Geduld und für manche kritische Frage und Diskussion.

# Gemeinsam träumen – 1. Mose 28,10-19

***14. Sonntag nach Trinitatis 2007***

Lesung:

*[10]Aber Jakob zog aus von Beerscheba und machte sich auf den Weg nach Haran [11]und kam an eine
Stätte, da blieb er über Nacht, denn die Sonne war untergegangen. Und er nahm einen Stein von
der Stätte und legte ihn zu seinen Häupten und legte sich an der Stätte schlafen. [12]Und ihm träumte,
und siehe, eine Leiter stand auf Erden, die rührte mit der Spitze an den Himmel, und siehe, die Engel Gottes stiegen daran auf und nieder. [13]Und der HERR stand oben darauf und sprach: Ich bin
der HERR, der Gott deines Vaters Abraham, und Isaaks Gott; das Land, darauf du liegst, will ich
dir und deinen Nachkommen geben. [14]Und dein Geschlecht soll werden wie der Staub auf Erden,
und du sollst ausgebreitet werden gegen Westen und Osten, Norden und Süden, und durch dich und
deine Nachkommen sollen alle Geschlechter auf Erden gesegnet werden. [15]Und siehe, ich bin mit
dir und will dich behüten, wo du hinziehst, und will dich wieder herbringen in dies Land. Denn ich
will dich nicht verlassen, bis ich alles tue, was ich dir zugesagt habe. [16]Als nun Jakob von seinem
Schlaf aufwachte, sprach er: Fürwahr, der HERR ist an dieser Stätte, und ich wusste es nicht! Und
er fürchtete sich und sprach: Wie heilig ist diese Stätte! Hier ist nichts anderes als Gottes Haus,
und hier ist die Pforte des Himmels. [18]Und Jakob stand früh am Morgen auf und nahm den Stein,
den er zu seinen Häupten gelegt hatte, und richtete ihn auf zu einem Steinmal und goss Öl oben
darauf [19]und nannte die Stätte Bethel; vorher aber hieß die Stadt Lus. (Luther Bibel 1984)*

Liebe Gemeinde,

es kommt vielleicht nicht oft vor, dass wir uns solche alten Geschichten anhören, es sei denn, wir hätten einen Hang zu Märchen und Sagen. Und doch ist gerade in solchen Geschichten unheimlich viel Wahrheit enthalten, die auch für unser Leben gilt. Es sind Prototypen, also ganz typische Situationen, die immer so oder anders wieder vorkommen, auch wenn es sich zunächst so anhört, als würde dies für Jakob zutreffen oder einen anderen der sogenannten Erzväter und sonst aber für kaum jemand anderes. Und so frage ich sie, frage ich euch: Woran ist ihr, woran ist euer Denken hängen geblieben, als sie diese Geschichte gehört haben, als ihr diese Geschichte gehört habt? Daran, wenn man es so verstehen will, dass Jakob auf einem Stein geschlafen hat und von daher vielleicht sogar noch recht angenehme Träume hatte? Bei einem Stein als Kopfkissen hätten diese ja wohl noch schlimmer sein können. Oder haben sie oder habt ihr darüber nachgedacht, dass Gott zu uns sprechen kann und wenn es nicht tagsüber ist, dann wenigstens im Traum? Dass er uns erscheinen kann und uns sagen kann, wo es lang geht für uns, was unsere Zukunft sein könnte? Oder haben sie darüber nachgedacht, dass der Segen, der nun über Jakob ausgesprochen wird, die Zusage, dass er eine Heimat haben wird, einen Ort wo er sicher leben kann, der darin besteht, dass er Nachkommen haben wird, dass seine Zukunft also in der Zukunft nachkommender Generationen liegt, dass dieser Segen in irgendeiner Form auch für jeden von uns ganz persönlich gelten könnte, oder ob diese Zusage hier nur für diesen einen, den Menschen Jakob als Stammvater des Volkes Israel gemeint ist?

Bevor wir uns diesen Fragen nähern, müssten wir doch noch einmal versuchen, dieser Geschichte in ihrem biblischen Zusammenhang etwas mehr Sinn abzugewinnen. Das liegt daran, dass man bei solchen Geschichten, die als Predigttext immer ein wenig aus dem Zusammenhang genommen sind, die restliche Erzählung zunächst vernachlässigt. Doch es gibt in diesem Text Andeutungen über die genannten Namen hinaus, die sich eigentlich nur verstehen lassen, wenn man die Geschichte Jakobs im Zusammenhang hört.

Um kurz zu berichten, was zuvor geschehen ist: Jakob hatte einen Bruder, Esau. Und als sein Vater Isaak hinfällig wurde und wohl absehbar sterben würde, hat Jakob seinen Bruder Esau um den Segen des Vaters betrogen. Es war damals so, dass der Segen des Vaters auf dem Sterbebett eine hohe Bedeutung hatte. Der Segen wurde aber nur dem Erstgeborenen zugesprochen. Jakob fühlte sich im Recht, weil Esau das Erbrecht schon zuvor an ihn verkauft hatte. Doch dass dies geschah, legte den Grundstein für einen Jahrhunderte langen Krieg: Jakob und Esau, das waren von nun an verfeindete Brüder. Zu ergänzen ist noch, dass die Mutter, also Rebekka, Isaaks Frau, auf Jakobs Seite war und nicht auf Esaus Seite. Esau hatte nämlich Frauen aus dem Volk der Hethiter geheiratet, sie aber wollte, dass ihre Söhne Frauen aus ihrer Verwandtschaft heiraten. (Vgl. Gen. 26,34f) Daher war Rebekka gegen Esau eingestellt und schickte Jakob nach Haran, wo ihr leiblicher Bruder Laban lebte (heute türkisch: Harran, Ausgrabungsstätte namens Carrhae). Da Jakob sowieso vor Esau fliehen musste, machte er sich, so schnell es ging, nach Haran auf, das mehrere Hundert Kilometer entfernt war.

Obwohl die Bibel sonst dazu neigt, solche Ereignisse in einer nachvollziehbaren Reihenfolge zu erzählen, fällt hier auf, dass die Flucht Jakobs nach Haran nur durch eine einzige Station unterbrochen wird, an einem Ort, der zunächst noch nicht einmal einen Namen hat.

Schon im nächsten Kapitel werden wir Zeuge davon, wie Jakob in der Nähe von Haran eintrifft. Vielleicht machte Jakob diese Reise durch das ganze spätere Land Israel zum ersten Mal. Er meidet die Täler und zieht über die spätere Höhenstraße, die auch heute immer noch die schnellste Verbindung in Palästina ist. Der Ort, von dem hier die Rede ist und der in dieser Geschichte seinen Namen erhält, liegt nur 16 Kilometer nördlich von Jerusalem, direkt an der Verbindung in die nördlichen Regionen bis hin nach Syrien. Die judäischen Berge gehen hier über in das ephraimitische Gebirge, und der Ort liegt auf einem Gipfel, der immerhin 860 Meter hoch ist. Im Vergleich dazu: Der Kahle Asten als höchster Berg Westfalens ist 840 Meter hoch. Der Weg von Beerscheba über Jerusalem in Richtung Norden führt über die Höhe dieses kanaanäischen Hochgebirges. Jakob nimmt den Weg über die Höhen und über die Berge. Vielleicht war das damals kein einfacher Weg, aber sicherlich der schnellste. Jakob hält Rast an einer Stelle, die ihm unbekannt ist und die hier unbewohnt war. Die Stadt, die sich in direkter Nähe befindet, heißt heute Ramallah und ist die Hauptstadt Palästinas. Hier befindet sich heute die Ausgrabungsstätte Bethels.

Zurück zu unserer Geschichte: Der umstehende Text wirft doch so einige Fragen auf und lässt unsere Erzählung von der Himmelstreppe in einem bestimmten Licht erscheinen. Die ganze Strecke von Beerscheba nach Haran wird in einem Zug erzählt. Nur an einer unbekannten Stätte in der freien Landschaft auf einem hohen Berg übernachtet Jakob ein einziges Mal – ist das denkbar? Ich glaube nicht, aber der Erzähler zeigt uns, dass es nicht darauf ankommt. Im Gegenteil, er zeigt uns gerade in dieser Komposition, dass Jakob auf der Flucht ist. Er zieht fort, so schnell es geht und ohne sich dabei irgendwo groß aufzuhalten. Nur eine einzige Episode dieses Weges ist es wert, überliefert zu werden. Es ist eine Geschichte von der Namensgebung eines unbekannten Ortes durch Jakob mit dem Namen „*Beth-El*", Haus Gottes. Jakob ist auf der Flucht. Voller Angst, vor dem, was war und was kommen könnte, begibt er sich hier zur Ruhe und schützt seinen Schlafplatz mit einem großen Stein, damit er nicht vom Weg aus gesehen werden kann. Und gerade dieser Platz, dieser Steinplatz wird ihm zum Ort der Begegnung mit Gott, und zwar dem Gott seiner Väter Isaaks und Abrahams. Und erst durch die Begegnung mit ihm wird dieser Gott der Väter auch sein Gott, der Gott Jakobs. Und dabei ist es mir, als wäre das mit uns genauso, als würde Gott uns begegnen als der Gott unserer Eltern und unserer Vorfahren und als wäre die Wahrheit, dass Gott lebt, eben in deren Erlebnissen und Erfahrungen greifbar, immer wieder vermittelt durch ihre Zeugnisse und Mitteilungen. Doch Gott kann nur mein Gott sein, wenn ich seine Gegenwart auch persönlich erfahren habe. Das gilt für Jakob, und das gilt für jeden und jede von uns. Für Jakob geschieht die Begegnung mit Gott im Traum und darin eben in einer Vision. Jakob denkt, er befinde sich am Fuße einer unendlich langen und immer weiter in die Höhe steigende Treppe. Wer mag, kann sich eine Tempelpyramide vorstellen, wie man sie für Babylonien rekonstruiert hat. Die Treppe oder auch Leiter, endet am Himmel ganz oben. Und oben an der Spitze steht Gott. Zwischen dieser Spitze und den unten liegenden Menschen gehen Boten Gottes herauf und herunter. Der Kontakt zu Gott ist vermittelt durch diese Boten, die die Worte Gottes zu den Menschen tragen, die aber genauso auch Botschaften der Menschen zu Gott bringen können. Das ist wirklich ein zutreffendes Bild für die Religion: Gott ist weit weg, aber nicht ungetrennt von uns. Wir haben seine Worte, seine Botschaften erhalten, und Gott erhält unsere Worte und unsere Botschaften durch das Gebet. Unsere Worte werden durch die Engel getragen. Der Kontakt zu Gott ist nicht direkt, sondern geschieht in Form von Botschaften, die von uns zu Gott getragen werden und die uns Gott durch die Worte seiner Boten zukommen lässt, durch die Bibel, die Heilige Schrift. Die wichtigste Botschaft für Jakob ist die Begegnung mit dem Gott seiner Väter, die Zusage seiner Nachkommenschaft, seines Landes und des ganzen Volkes Israel. Es ist zugleich die Zusage des göttlichen Segens.

Dieses Bild von der Himmelsleiter vermittelt mir heute eine Kette von Gedanken: Aus dem Stein, in dessen Schutz Jakob ruht, wird am Ende der Geschichte ein Steinmal, das Jakob mit einer Handvoll Öl seinerseits segnet, ein Denkmal und Gedenkstein und später der Grundstein eines Tempels, in dem sich das Heiligtum Israels eine Zeit lang befunden hat. Zu dieser Geschichte passt die Namensgebung: „*Beth-El*", das heißt Haus Gottes. Dieses Wort wird für uns heute mit Kirche übersetzt. Der Traum Jakobs verdeutlicht also in einem Bild das, was in diesem Ort, im Haus Gottes geschehen kann. Das Ende dieser Leiter mit dem großen Abstand zwischen Gott und den Menschen wird zum Anfang der Begegnung mit Gott. Die Gegenwart Gottes kann hier in unserem Leben wahrgenommen werden, eine Kraft, die auch in unserem Alltag trägt und die die Vergewisserung unseres Grundvertrauens ist. Und so wird auch jeder von uns Gott sehen und erkennen als den jeweils eigenen Gott und zugleich als den Gott der Vorfahren und der Mitmenschen.

In dieser Geschichte, in der mit dem Namen Jakobs die Geschichte eines Gottesdienstes beginnt, wird zugleich deutlich, dass sich Gott bei uns auf dem Weg befindet und dies auch verheißen hat. Gott begegnet uns nicht nur in Worten und Botschaften, sondern darin, dass er uns mit seinen Engeln nahe ist, dort, wo wir gehen und dort, wo wir schlafen, sogar dort, wo wir auf der Flucht sind und Angst haben. Und in dieser Erfahrung wird uns zugleich als ein Nebeneffekt deutlich, dass wir nicht allein sind, sondern mit vielen anderen gemeinsam in dieser Beziehung zu Gott stehen und dass uns diese Gemeinschaft wichtig werden kann und ist. Dies kann man sich am Bild des Traumes deutlich machen, so wie es einmal der brasilianische Bischof und Befreiungstheologe Don Helder Camara gesagt hat:

„*Wenn jemand alleine träumt, dann ist das nur ein Traum; wenn wir aber alle zusammen träumen, dann ist das der Beginn der Wirklichkeit.*“

Amen.

# Welt - Friede. Nach Psalm 47.

Du, Gott, siehst jubeln alle Länder,
Du hörst das Lied der ganzen Welt.
Dein Einfluss reicht bis an die Ränder.
Auch unser Land ist wie dein Zelt.

Du, Gott, ergreifst die Macht der Erde.
Der Beifall tönt im Hörnerschall.
Du willst, dass endlich Friede werde,
Um Abraham und überall.

# Gottes Macht und Ohnmacht – 1. Könige 8,22-28

***Predigt am Himmelfahrtstag 2011***

Lesung:

*[22]Und Salomo trat vor den Altar des HERRN angesichts der ganzen Gemeinde Israel und breitete seine Hände aus gen Himmel [23]und sprach: HERR, Gott Israels, es ist kein Gott weder droben im Himmel noch unten auf Erden dir gleich, der du hältst den Bund und die Barmherzigkeit deinen Knechten, die vor dir wandeln von ganzem Herzen; [24]der du gehalten hast deinem Knecht, meinem Vater David, was du ihm zugesagt hast. Mit deinem Mund hast du es geredet, und mit deiner Hand hast du es erfüllt, wie es offenbar ist an diesem Tage. ([25]Nun, HERR, Gott Israels, halt deinem Knecht, meinem Vater David, was du ihm zugesagt hast: Es soll dir nicht fehlen an einem Mann, der vor mir steht, der da sitzt auf dem Thron Israels, wenn nur deine Söhne auf ihren Weg Acht haben, dass sie vor mir wandeln, wie du vor mir gewandelt bist.) [26]Nun, Gott Israels, lass dein Wort wahr werden, das du deinem Knecht, meinem Vater David, zugesagt hast. [27]Aber sollte Gott wirklich auf Erden wohnen? Siehe, der Himmel und aller Himmel Himmel können dich nicht fassen – wie sollte es dann dies Haus tun, das ich gebaut habe? [28]Wende dich aber zum Gebet deines Knechts und zu seinem Flehen, HERR, mein Gott, damit du hörst das Flehen und Gebet deines Knechts heute vor dir. (Luther Bibel 1984)*[*]

Liebe Gemeinde!

Zunächst wird sie verwundern, dass wir heute zum Himmelfahrtstag diesen Text aus dem Alten Testament zur Grundlage der Predigt machen. Doch die Antwort ist eigentlich recht einfach. Die Himmelfahrt an sich, als Erzählung und als Vorstellung, ist nicht vollständig ohne die Antwort auf die Frage: Was bedeutet die Anwesenheit Jesu Christi im Himmel für unseren Glauben? An dieser Stelle kommt also die Aussage des Glaubensbekenntnisses ins Spiel, die direkt auf die Himmelfahrt folgt: „*Aufgefahren in den Himmel – Er sitzt zur Rechten Gottes, des allmächtigen Vaters, von dort wird er kommen, zu richten die Lebenden und die Toten.*“

Diese Position, so müsste man das modern nennen, kann man so ausdrücken: Jesus ist mit dem Vater in einer Einheit unser Gott. Jesus ist der himmlische König, der zur Rechten Gottes sitzt. Und er wird richten, im Auftrag und in Stellvertretung Gottes. Menschlich gesagt

[*] Vers 25 ist eingeklammert, da die Ordnung der Predigttexte diesen auslässt. Ich entscheide mich dafür, den Vers zu lesen.

heißt das: Seit der Himmelfahrt hat Gott seine Regierungsgewalt geteilt und hat Jesus den Platz zu seiner Rechten und das Richteramt zugeteilt. Dass diese Aufteilung der göttlichen Rolle Vielgötterei sei, ist der Vorwurf des Islam. Doch dieser Vorwurf ist dadurch zu umgehen, dass Gott, Jesus und der Heilige Geist uns gegenüber in einer Einheit wirken. Irdisch gesprochen: Gott ist eine Macht, die einheitlich handelt, aber geteilt ist. Dieser Glaube mag zuerst etwas kompliziert und rational klingen, wird aber durch das Bild des Königreichs plausibel. Ursprünglich waren das Königreich Gottes und das Königtum Israels deckungsgleich. Das Zeichen dafür war der Tempel.

Hierzu lese ich uns jetzt einige Sätze aus einer Predigthilfe vor, die die Worte des Königs Salomo ganz anschaulich nacherzählt und reflektiert:

*„Salomo, der König und Vorbeter in einem, steht vor der ganzen Gemeinde Israel. Nach langen Vorbereitungen kann der Tempel eingeweiht und in Gebrauch genommen werden. Den Pomp und die rauschende Herrlichkeit kann man sich wahrscheinlich nicht großartig genug vorstellen. Ein Höhepunkt in der Geschichte dieses Herrschers und seines Volkes und ein Höhepunkt in der Geschichte der Familie Davids. Die Größe Gottes, so lobt Salomo, die Herrlichkeit des Unvergleichlichen, der nicht seines gleichen hat weder unten, noch oben, liegt darin, dass er den Bund hält, dass er zu seinem Wort steht. (...) Salomo staunt über Gottes Verlässlichkeit. Der Staunende trifft auf etwas Hartes und Festes inmitten der schwankenden, ungewissen menschlichen Geschichte. Er stolpert über Tatsachen. Er ist überrascht. Tatsache, Gegebenheiten, Widerstände. Gott ist riesengroß, unfassbar, Himmel und Erde können ihn nicht fassen, geschweige denn Philosophen oder Theologen. (...) Wie sollte dieses Haus dich fassen, o Gott? Die Reaktion der Beter, Prediger, Theologen ist Staunen. (...) Wie sollte es denn dies Haus tun? Wie sollte es jener Stall tun? Wie sollte ich müder Prediger es tun? Sollte in Wahrheit Gott auf Erden wohnen? Himmel und aller Himmel können dich nicht fassen. Sollte es denn dieses Haus tun? Fragen voll ehrlichen, zweifelnden Staunens. Sollte Gott in den hehren Gedanken sein oder bei den Armen wohnen? Sollte Gott mit den starken Armeen kämpfen oder im dunklen Kerker mit den Gefangenen wohnen? Sollte Gott im feierlichen Pomp sein oder im Lager sterben? Überall kann Gott sich mir entgegenstellen, in jeder Gestalt, an jedem Ort (...). Feierlich ist das Gebet des Königs. Hoch erhaben die Szene. Gewaltig die Liturgie. Weil es um Gottes Zusage an*

*einen Einzelnen, wenn auch Auserwählten, geht und um Gottes Wohnen an einem fest umgrenzten konkreten Ort. Allerdings mit Folgen für viele Völker und viele einzelne Menschen. Es ist schon erstaunlich, welcher Aufwand um diesen Menschen, um diesen Ort gemacht wird. Offensichtlich kann nicht genug Aufwand um den Einzelnen gemacht werden."* (Gunnar Hasselblatt: Assoziationen, Band 3, hrsg. v. Walter Jens, Stuttgart 1980, S.125f).

Wie immer können wir nicht bei diesem Text aus dem Königsbuch stehenbleiben. Allerdings staunen wir, dass sogar der Gott des Alten Testaments diesen Vorbehalt vor dem Haus Gottes kennt, hier als Frage danach, ob Gott wohl in einem Haus fest zu wohnen gedenkt. Warum bauen wir dann Kirchen? Warum versammeln wir uns als Gemeinde? Gott ist gegenwärtig, hier und woanders, in dieser Gemeinde und in einer anderen Gemeinde. Gott in einen Tempel einzumauern wäre fatal, weil er überall gebraucht wird. Auch wenn es noch ganz andere Tempel gibt, die Tempel des Geldes und der Macht, die Tempel der Regierungen und der Könige, ist dies kein Vorbild dafür. Trotzdem geschieht es, dass Kirchbauten zu Prachtbauten werden, die vielleicht vorgaukeln, dass Gott hier mehr als woanders ist. Weder der Vatikan, noch die Madonna in Werl haben einen solchen Vorzug. Aber das würde ja auch selbst der Papst nicht behaupten. Doch die Frage ist, ob Menschen das nicht trotzdem insgeheim verwechseln, obwohl es öffentlich gar nicht behauptet wird, indem darin das Bild des Königtums und seiner Herrschaftsinsignien wie Schloss und Thron so deutlich und markant sind, dass sie den Menschen instinktiv dann auch zur Annahme einer besonders prachtvollen und mächtigen Gegenwart Gottes im Prunk verleiten. Da mögen selbst Königen wie hier Salomo Zweifel beschleichen. Das Bild des Tempels, des Doms spricht jedoch für sich, da sind sich sogar Kirche und Staat heute einig. Sie wollen beide aus unterschiedlichen Gründen die alten und denkmalswürdigen Kirchen erhalten, weil diese die Grundwerte unserer Gesellschaft präsentieren. Doch um welchen Preis, das zeigt der Aufwand, der bei der Erhaltung des Kölner Doms betrieben wird, der einen hohen Betrag aus den Glücksspielerlösen der Lottogesellschaften erhält. Der Erhalt dieses kirchlichen Prachtbaus wird also durch Glücksspiel erst möglich gemacht - sollte uns das nicht zu denken geben?

Um dies zu veranschaulichen, möchte ich einige Verse aus einem Gedicht von Annette von Droste-Hülshoff vorlesen. Vorweg sei gesagt, dass der Kölner Dom, so wie wir ihn kennen, erst seit 1880 besteht. Im Mittelalter wurde nur der Chorraum vollendet. Das Kirchenschiff gab es nur als Umriss. Die Türme waren zwar schon da, aber unvollendet. Auf einem Turm stand ein Baukran. Als das Rheinland zu Preußen kam, waren sich der preußische König und die Kirche darin einig, den Dom vollenden zu wollen. Seit 1820 reiften die Pläne. Die eigentliche Bauzeit dauerte dann von 1842 bis 1880, also fast vierzig Jahre. Das hat Annette von Droste Hülshoff nicht mehr erlebt. Sie starb im Jahr 1848. Ihr Gedicht heißt „Die Stadt und der Dom“ und stammt aus der Zeit der Pläne, der Neugründung des Dombauvereins und der Domhütte. Wie man dem Gedicht unschwer entnehmen kann, war Annette von Droste-Hülshoff gegen die Vollendung des Doms. Das Gedicht wäre zu lang, ich lese nur die wesentlichen Strophen:

*"Der Dom! der Dom! der deutsche Dom!*
*Wer hilft den Cölner Dom uns baun!"*
*So fern und nah der Zeitenstrom*
*Erdonnert durch die deutschen Gaun.*
*Es ist ein Zug, es ist ein Schall*
*Wie ein gewaltger Wogenschwall.*
*Wer zählt der Hände Legion*
*In denen Opferheller glänzt?*
*Die Liederklänge wer, die schon*
*Das Echo dieses Rufs ergänzt?*

*Und wieder schallt's vom Elbestrand:*
*"Die Stadt! die Stadt! der deutsche Port!"*
*Und wieder zieht von Land zu Land*
*Ein Gabespendend Klingeln fort;*
*Die Schiffe kommen Mast an Mast,*
*Goldregen schüttet der Pallast,*
*Wem nie ein eignes Dach bescheert,*
*Der wölbt es über fremde Noth,*
*Wem nie geraucht der eigne Heerd,*
*Der theilt sein schweißbenetztes Brod.*

(Annette von Droste-Hülshoff, Gesammelte Werke, hrsg. von Reinhold Schneider, Vaduz 1948, Band II, Gedichte, S. 10)

Wer mag hier nicht an Luthers Ablasskritik denken, da mit dem Ablass der Neubau des Petersdoms in Rom bezahlt wurde, den allerdings heute selbst ein Protestant nicht missen möchte. Annette von Droste-Hülshoff beschreibt, wie der Plan des Dombaus zum nationalen Symbol wird, zur Politik, zum Zeichen der Deutschen Einheit im 19. Jahrhundert. Sie bemerkt zu Recht, dass dieses Ansinnen mit Politik mehr zu tun hat als mit Religion.

*Wohlan ihr Kämpen denn, wohlan*
*Du werthe Kreuzesmassoney,*
*So gebt mir eure Zeichen dann*
*Und euer edles Feldgeschrei!*
*Da, horch! da stieß vom nächsten Schiff*
*Die Bootmannspfeife grellen Pfiff,*
*Da stiegen Flaggen ungezählt,*
*Cantate summte und Gedicht,*
*Der Demuth Braun nur hat gefehlt,*
*Jehova's Namen hört' ich nicht,*

*Wo deine Legion, o Herr,*
*Die knieend am Altare baut?*
*Wo, wo dein Samariter, der*
*In Wunden seine Thräne thaut?*
*Ach, was ich fragte und gelauscht,*
*Der deutsche Strom hat mir gerauscht,*
*Die deutsche Stadt, der deutsche Dom,*
*Ein Monument, ein Handelsstift,*
*Und drüber sah wie ein Phantom*
*Verlöschen ich Jehovas Schrift.*

(ebd., S. 11f)

Wie in der Geschichte von Belsazar verlöscht die Schrift an der Wand. Dieser Dombau hat nicht viel mit Gott zu tun. Ein Symbol der Macht, der Einheit, der Größe Deutschlands im religiösen Gewand soll entstehen. In der Tat war der Kölner Dom von 1880 bis 1884 das höchste Gebäude der Welt. Da wird der Name Gottes nicht genannt. Dem Größenwahn, der sich im Dombau offenbart, setzt sie nun in der besten Strophe des Gedichts ihre eigene Vorstellung von Kirche entgegen:

*Kennt ihr den Dom der unsichtbar*
*Mit tausend Säulen aufwärts strebt?*
*Er steigt wo eine gläubge Schaar*
*In Demuth ihre Arme hebt.*
*Kennt ihr die unsichtbare Stadt*
*Die tausend offne Häfen hat*
*Wo euer werthes Silber klingt?*
*Es ist der Samariter Bund,*
*Wenn Rechte sich in Rechte schlingt,*
*Und nichts davon der Linken kund.*

(ebd., S. 12)

Erneut kommt sie auf den barmherzigen Samariter zurück und damit auf die Botschaft Jesu. Und das Bild des unsichtbaren Doms ist eine wunderbare Illustration dessen, was König Salomo in seinem Tempelgebet als Frage ausdrückt: *„Aber sollte Gott wirklich auf Erden wohnen? Siehe, der Himmel und aller Himmel Himmel können dich nicht fassen – wie sollte es dann dies Haus tun, das ich gebaut habe?“*

Himmelfahrt ist nicht die Botschaft von der Macht Christi, der nun als unsichtbarer König durch die Lande zieht und alle Völker unterwirft, wie die Christen aller Konfessionen das wohl jahrhundertelang gedeutet haben. Sondern Himmelfahrt ist das Zeichen dafür, dass Gott seine Allmacht aufgibt, indem er Christus zu sich zieht, in seine Gemeinschaft aufnimmt und die Vorstellung Gottes durch Jesu Botschaft neu erschafft. Gott und Christus sind eins. Der Machtverzicht Gottes vollzieht sich in der Ermächtigung Christi, der durch seine Botschaft nichts anderes verkündigt, als die Auferstehung des Gekreuzigten. Der also allein den Leidenden und Armen sein Heil verheißt und nicht die Mächtigen dieser Welt seligspricht. Religion ist in diesem Sinn kein Machtsymbol.

Zurück zu Salomo: Ihn beschleicht in dieser Frage das Gefühl, er könnte bei dem Versuch, Gott einen Tempel zu bauen, sich selbst ein Denkmal gesetzt haben. Dabei ist Gott viel weiter und größer, als es je eine Kirche sein kann. Gott ist beim Menschen, in der menschlichen Begegnung, in der Zuwendung in Wort und Tat, in der frohen Botschaft. Der Dom, der Tempel sind Zeichen menschlicher Größe und sonst nichts. Annette Droste-Hülshoff hat recht: Den unsichtbaren Dom, den menschlichen Zusammenhalt, die unsichtbare Einheit im Dialog aller Menschen, das ist der wahre, der wirkliche Dom. Jesus im Himmel ist ein Zeichen dafür, dass selbst die größte Kirche für Gott zu klein ist. Denn er ist unter uns, in Worten und Zeichen der menschlichen Nähe. Der Himmel ist überall und geht auf alle über.

Amen.

# Befreiungslied. Nach Psalm 96.

Du, Gott, wir wollen neue Lieder singen.
Wir zieh'n nicht mit im alten Trott.
Du willst den Völkern Freude bringen
Und bist kein selbstgemachter Gott.

Du, Gott, soll'n wir zu allen Menschen gehen,
Dass sie zu deiner Wohnung zieh'n,
Dass sie den Sinn der Welt verstehen,
Und niemals vor dem Bösen flieh'n?

Du, Gott, lass jubeln alle grünen Bäume,
Und blühen jedes weite Land.
Dann gilt das Recht für alle Räume
Und wird Gerechtigkeit bekannt.

# Predigt gegen die schlechten Hirten - Ezechiel 34, Verse 1-16 und 31

***Sonntag Miserikordias Domini 2011***

<u>Lesung:</u>

*[1]Das Wort des HERRN erging an mich, er sagte: [2]Du Mensch, kündige den führenden Männern in Israel das Strafgericht an. Sag zu ihnen: So spricht der HERR, der mächtige Gott: Weh euch! Ihr seid die Hirten meines Volkes; aber anstatt für die Herde zu sorgen, habt ihr nur an euch selbst gedacht. [3]Die Milch der Schafe habt ihr getrunken, aus ihrer Wolle habt ihr euch Kleider gemacht und die besten Tiere habt ihr geschlachtet. Aber für einen guten Weideplatz habt ihr nicht gesorgt. [4]War ein Tier schwach, so habt ihr ihm nicht geholfen; war eins krank, so habt ihr es nicht gepflegt. Wenn eins ein Bein gebrochen hatte, habt ihr ihm keinen Verband angelegt. Die Verstreuten habt ihr nicht zurückgeholt, die Verlorengegangenen nicht gesucht. Alle Tiere habt ihr misshandelt und unterdrückt. [5]Weil meine Schafe keinen Hirten hatten, verliefen sie sich und fielen den Raubtieren zur Beute. [6]Sie irrten überall umher, auf Bergen und Hügeln, denn niemand war da, der sie suchte, niemand, der sich um sie kümmerte. [7]Darum, ihr Hirten, hört, was der HERR, sagt: [8]So gewiss ich lebe, der HERR, der mächtige Gott: Ich schaue nicht mehr länger zu! Meine Schafe wurden geraubt und von wilden Tieren gefressen, weil sie keinen Hirten hatten; denn meine Hirten haben nur für sich selbst gesorgt und nicht für meine Herde. [9]Darum hört, ihr Hirten, was der HERR sagt! [10]So spricht der HERR, der mächtige Gott: Die Hirten meiner Schafe bekommen es mit mir zu tun, ich fordere meine Herde von ihnen zurück! Ich setze sie ab; sie können nicht länger meine Hirten sein; sie sollen nicht länger mein Volk ausbeuten! Ich reiße meine Schafe aus ihrem Rachen, sie sollen ihnen nicht länger zum Fraß dienen! [11]Der HERR, der mächtige Gott, hat gesagt: Ich selbst will jetzt nach meinen Schafen sehen und mich um sie kümmern. [12]Wie ein Hirt seine Herde wieder zusammensucht, wenn sie auseinander getrieben worden ist, so suche ich jetzt meine Schafe zusammen. Ich hole sie zurück von allen Orten, wohin sie an jenem unheilvollen Tag vertrieben wurden. [13]Aus fremden Ländern und Völkern hole ich sie heraus; ich sammle sie und bringe sie in ihre Heimat zurück. Die Berge und Täler Israels sollen wieder ihr Weideland sein. [14]Ich lasse sie dort auf saftigen Wiesen grasen; auf den hohen Bergen Israels sollen sie ihre Weide finden und sich lagern. [15]Ich will selber für meine Herde sorgen und sie zu ihren Ruheplätzen führen. Das sage ich, der HERR, der mächtige Gott. [16]Ich will die Verlorengegangenen suchen und die Versprengten zurückbringen. Ich will mich um die Verletzten und Kranken kümmern und die Fetten und Starken in Schranken halten. Ich bin ihr Hirt und sorge für sie, wie es recht ist. [31]Ihr seid meine Herde, für die ich sorge, und ich bin euer Gott. Das sage ich, der HERR, der mächtige Gott. (Gute Nachricht Bibel)*

Liebe Gemeinde!

Nicht nur der Psalm 23, den wir als Eingangspsalm gesprochen haben, sondern auch das Evangelium geht auf das Thema des *„guten Hirten“* ein. Das Bild des Hirten ist in der Bibel weit verbreitet. So ist es kein Wunder, dass Jesus auch als der gute Hirte bezeichnet wird. In diesem Zusammenhang hören wir, dass die Bilder und Aussagen des Alten Testaments im Neuen Testament wieder aufgenommen werden. Die Frage ist: Bleibt ihre Aussage gleich, oder hat sich der Inhalt dieses Bildes vom guten Hirten in der besonderen Botschaft des Neuen Testaments verändert? Und dann ist es eben genauso wichtig zu fragen, was dieses Bild für uns heute zu sagen hat.

In manchen Gebeten und Vorlagen dieses Sonntags gehen die Verfasser auf den Pfarrer-Beruf ein. Einen Pfarrer nennt man ja auch Pastor, Hirten. Auch dies ist ja schon eine bildliche Übertragung. Das Hirtenamt, wenn man so will, ist das Amt der Leitung der Gemeinde und der Kirche, und dieses Amt ist dem Presbyterium übertragen. Mit dem Begriff „Pastoral" ist eher so etwas wie Begleitung und Seelsorge gemeint, wie es ja auch in dem Wort Pastoraltheologie angesprochen wird. Dagegen ist das Königsamt eine Kombination aus Leitung, Verwaltung und Rechtsprechung. Ein Blick auf das Fach Politik, wie es an Schulen unterrichtet wird, würde zeigen, dass in unserer Gesellschaft dieses Amt durch ein kompliziertes System auf unterschiedliche Schultern verteilt ist. Das Bundesverfassungsgericht, Bundeskanzlerin und Bundespräsident, aber auch der Bundestag und der Bundesrat, eine Anzahl von Bundesgerichten und ebenso die entsprechenden Ländereinrichtungen bis hin zu den kommunalen Bürgermeistern haben ihren Teil des Hirtenamtes übertragen bekommen. Der Prophet Hesekiel/Ezechiel hatte es da etwas leichter: Er widmete sich in seinem Hirtenbrief den israelitischen Königen und ihren Räten.

In der Beschreibung ihrer Verfehlungen bleibt er ganz im Bild des Hirtenberufes: Der Hauptvorwurf kommt gleich zu Beginn: *„Anstelle für die Herde zu sorgen, habt ihr an euch selbst gedacht" (Ezechiel 34,2).* Dies wird nun ganz auf die Ertragsprodukte der Kleinviehwirtschaft bezogen: Die Fürsten trinken die Milch der Schafe, machen aus ihrer Wolle Kleider und führen einige von ihnen zur Schlachtbank. „Moment mal", müsste man fragen, ist das nicht die ganz normale Form der Landwirtschaft, dass man den Tieren das wegnimmt oder mit ihnen teilt, was von Natur aus für die Aufzucht des Nachwuchses gedacht ist? Hier muss man also schon an die übertragene Bedeutung denken! Die Schafe sind die Mitbürger und Angehörigen eines Volkes. Man nimmt ihnen alles weg, etwa durch Steuern, Tribut oder Opfer. Dann nimmt man ihnen auch noch den Weideplatz, wie es in der Geschichte von Nabots Weinberg zu Elias' Zeiten beispielhaft überliefert wird. Und so verkündete es schon der Prophet Samuel, um das Volk vor dem Königsamt zu warnen:

*„[11](...)Er wird eure Söhne holen und sie für sich bei seinem Wagen und seinen Pferden verwenden, und sie werden vor seinem Wagen herlaufen. (...) [12](...)Sie müssen sein Ackerland pflügen und seine Ernte einbringen. (...) [13]Eure Töchter wird er holen, damit sie ihm Salben bereiten und kochen und backen. [14]Eure besten Felder, Weinberge und Ölbäume wird er euch wegnehmen und seinen Beamten geben. [15]Von euren Äckern und Weinbergen wird er den Zehnten erheben und ihn seinen Höflingen und Beamten geben."* (1. Samuel 8, 11-15).

Das ist nur ein Auszug, und wir werden keine Mühe haben, darin einige Grundzüge des Staatswesens bis auf den heutigen Tag wiederzufinden. Das ist in Ordnung, soweit es dem Volk trotzdem gut geht und alle vom wachsenden Wohlstand profitieren. Doch das ist und war nicht immer so. Es kamen Krisen, Hungersnöte, Missernten und politische Misserfolge. Da mag man sich fragen: Was hat dies alles mit Religion zu tun? Ganz einfach: Die Propheten haben immer auf der Seite des Volkes gestanden und haben den Oberen vorgeworfen, sie seien Gott selbst untreu geworden, indem sie, die Könige und ihre Beamten, das Wohlergehen des Volkes missachtet hätten. Die Schwachen wurden weder gepflegt noch verbunden. Die Verlorenen wurden nicht gesucht und irrten umher.

In diesem Abschnitt wird also ein weiterer Aspekt des Hirtenberufes entfaltet. Neben den der Leitung und der wirtschaftlichen Aspekte der Landwirtschaft, tritt nun der Aspekt der Pflege. Nicht das Volk nur als Ganzes, die Herde, sondern jedes einzelne Tier ist dem Hirten zur Pflege gegeben. Haben die Hirten, ich meine die Könige, diesen Aspekt nicht immer schon vernachlässigt? Nun ist das ja auch noch nicht so recht die Frage nach der Religion, sondern es wird nur ein anderer Aspekt des Hirtenberufes entfaltet, der der Pflege und Versorgung der einzelnen Tiere.

Auf die Frage, was dies alles, die Misswirtschaft und die Vernachlässigung mit Gott zu tun hat, gibt nun der nächste Abschnitt die Antwort:

*„[5]Weil meine Schafe keinen Hirten hatten, verliefen sie sich.(...) [8]Ich schaue nicht mehr länger zu: Meine Schafe wurden geraubt.(...)[12]Wie ein Hirt seine Herde wieder zusammen-*

*sucht, (...) so suche ich jetzt meine Schafe zusammen. Ich sammle sie und bringe sie in ihre Heimat zurück. [13]Ich will selbst für meine Herde sorgen.* " (aus: Ezechiel 34).

Das ist also die klare Antwort auf die Frage, was dies alles mit der Religion zu tun hat: Die ganze Herde, jedes einzelne Schaf ist das Eigentum Gottes. Er ist der eigentliche Hirte. Das bekennen wir mit dem Psalmwort: *„Der Herr ist mein Hirte, mir wird nichts mangeln."* Gott sagt durch den Propheten: *„[16](...)Ich bin ihr Hirt und sorge für sie, wie es recht ist. (...) [31]Ihr seid meine Herde, für die ich sorge, und ich bin euer Gott. Das sage ich, der HERR, der mächtige Gott.* " (Ezechiel 34).

Nun kommen wir mit einem Sprung zu Jesus. Wir erinnern uns: Jesus spricht im Johannesevangelium: *„Ich bin der gute Hirte, der gute Hirte lässt sein Leben für die Schafe.* " (Johannes 10,11) Dass der gute Hirte sein Leben für die Schafe verliert, haben wir bei Ezechiel so gar nicht gehört. Der Einsatz jedoch entspricht ganz dem, was dort beschrieben wird. Mit allen seinen Kräften setzt er sich für die Tiere seiner Herde ein, und er geht bis zum Letzten. Er ist kein Mietling, kein Angestellter, sondern die Herde ist sein Eigentum. Im Alten Testament ist die Herde jedoch Gottes Eigentum. Jesus zeigt hier, dass er sich darin als der Sohn Gottes versteht und an Gottes Stelle sagen kann: Diese Herde ist mein Eigentum. So hat er, wie der Prophet, der die Worte Gottes ausspricht, über Israel geweint: *„Als er das Volk sah, jammerte es ihn, denn sie waren verschmachtet und zerstreut wie die Schafe, die keinen Hirten haben.* " (Matthäus 9,36) Jesus stellt sich also ganz hinein in die Reihe der Propheten, die Gottes Worte in ihrer jeweiligen Wirklichkeit konkret machen. Ja, Jesus steht als der Auserwählte Gottes, als Sohn Gottes an Gottes Stelle. Er ist darin Gott selbst, was die Kirche später die Zwei-Naturen Jesu Christi genannt hat. Es mag dahingestellt sein, ob Jesus historisch wirklich schon selbst so von sich gedacht hat, was ja auch ein wenig überheblich klingen würde. Im Geist jedoch ist es richtig gesehen. So spricht er mit uns im Vater unser: *„Dein Wille geschehe, wie im Himmel, so auf Erden.* " (Matthäus 6,10) In ihm selbst, in Jesus selbst geschieht Gottes Wille. Er ist der gute Hirte und lässt sein Leben für die Schafe. Er kümmert sich um die schwachen Schafe und trennt die Schafe von den Böcken. Er ist gekommen, zu suchen und selig zu machen, was verloren ist und greift diese Aussage auch im Gleichnis vom verlorenen Schaf auf: *„Wenn ein Mensch hundert Schafe hätte und eines unter ihnen sich verirrte: Lässt er nicht die neunundneunzig auf den Bergen, geht hin* *und sucht das Verirrte."* (Matthäus 18,12 und Parallelen) Dieses Gleichnis vom verlorenen Schaf wird in anderen Varianten überliefert, was wohl dafür spricht, dass Jesus dieses Bildwort sehr oft gebraucht hat.

Auf einmal spüren wir, dass Jesus eine Akzentverschiebung vornimmt. Er greift Bilder der Propheten auf, die in seine Verkündigung passen, und andere lässt er hier zumindest unerwähnt. Den ersten Teil, die eigentlich politische Predigt gegen das Königtum kommt wohl ein wenig zu kurz. Vielleicht ist es einfach mit gemeint. Doch Jesus war kein Steuerverweigerer, sicherlich Staatsbürger aus Pflichtgefühl und nicht aus Begeisterung. Als er einmal die Regierenden beschreibt, sagt er, dass sie ihre Völker unterdrücken und Macht ausüben, dass dies unter den Jüngern nicht sein soll. Doch das Bild erweitert und verändert sich, denn auf einmal heißt es: *„Und ich habe noch andere Schafe, und die sind nicht aus diesem Stall und auch sie muss ich herführen und sie werden meine Stimme hören (...)."* (Johannes 10,16)

Ganz im Sinn des Propheten und seiner Kritik, aber doch nun noch ein Stück weiterführend: Die Grenzen des Volkes werden geöffnet, die Mauer niedergerissen, die dieses Volk von den anderen trennt. Alle Menschen sind Kinder Gottes, sind Schafe seiner Weide und nicht nur dieses eine Volk. Die Metapher des Hirten bleibt und die Bedeutung eigentlich auch. Aber das Symbol der Herde wird verändert. Im übertragenen Sinn: Gott, der Hirte, hat mehrere Ställe und nicht nur einen. Er ist der Herr der ganzen Welt und nicht nur der Gott eines Volkes. Alle Menschen sind seine Geschöpfe, sie sind seiner Fürsorge und Pflege empfohlen. Mit Jesus öffnet er die Tür und führt sie in seine Herde zurück.

Das macht Gott selbst. Das macht er mit und durch Jesus, der den speziellen Auftrag hat, das Verlorene zu suchen und zurückzubringen. Er lässt sein Leben für die Schafe. Jesus ist der gute Hirte, mit Gott und für Gott. In ihm finden wir die Einheit und den Sinn unseres Lebens. Wir haben teil an seinem Auftrag zu sammeln, zu versorgen, zu verbinden und zu schützen. Um dies zu verkünden, ist die Kirche Gemeinde Jesu Christi, und das ist ihr Hirtenamt.

Amen.

# Gemeinschaft. Nach Psalm 95.

Du, Gott, wir sind zu dir gekommen,
Und wir erweisen dir den Dank.
Wir haben die Musik vernommen
Und spielen dir nun stundenlang.

Du, Gott, bist König aller Götter,
Und dir gehört das ganze Land.
Ich höre nicht auf dumme Spötter,
Ich schreibe es auf jede Wand!

Du, Gott, bringst alle uns zusammen,
Wie es ein Hirt mit Schafen macht.
Und darum sind wir oft beisammen,
Und jeder singt und jeder lacht.

# Lebensbegleitung. Nach Psalm 23.

Du, Gott, mit mir gehst auf dem Wege.
Du gibst mir Brot, du gibst mir Saft.
Ich fühl‘ mich wohl in deiner Pflege.
Du führst mich aus Gefangenschaft.

Du, Gott, bist meiner Wege Hüter
Und deckst mir auch so manchen Tisch.
Von dir empfing ich viele Güter.
Dein‘ Güt‘, dein Lieb‘ sind täglich frisch.

Du, Gott, gibst mir auf allen Wegen
Das Ziel, zu kommen in dein Haus.
Du bist in jedem Tal zugegen
Und führst mich immer auch heraus.

# Beten heißt, an andere denken - Matthäus 6,5-15

***Sonntag Rogate 2007 - Das Vater Unser***

*Lesung:*

*[5]Und wenn ihr betet, sollt ihr nicht sein wie die Heuchler, die gern in den Synagogen und an den Straßenecken stehen und beten, damit sie von den Leuten gesehen werden. Wahrlich, ich sage euch: Sie haben ihren Lohn schon gehabt. [6]Wenn du aber betest, so geh in dein Kämmerlein und schließ die Tür zu und bete zu deinem Vater, der im Verborgenen ist; und dein Vater, der in das Verborgene sieht, wird dir's vergelten. [7]Und wenn ihr betet, sollt ihr nicht viel plappern wie die Heiden; denn sie meinen, sie werden erhört, wenn sie viele Worte machen. [8]Darum sollt ihr ihnen nicht gleichen. Denn euer Vater weiß, was ihr bedürft, bevor ihr ihn bittet. [9]Darum sollt ihr so beten:*

*Unser Vater im Himmel! Dein Name werde geheiligt.*
*[10]Dein Reich komme. Dein Wille geschehe wie im Himmel so auf Erden. [11]Unser tägliches Brot gib uns heute.*
*[12]Und vergib uns unsere Schuld, wie auch wir vergeben unsern Schuldigern.*
*[13]Und führe uns nicht in Versuchung, sondern erlöse uns von dem Bösen.*
*(Denn dein ist das Reich und die Kraft und die Herrlichkeit in Ewigkeit. Amen.)*

*[14]Denn wenn ihr den Menschen ihre Verfehlungen vergebt, so wird euch euer himmlischer Vater auch vergeben. [15]Wenn ihr aber den Menschen nicht vergebt, so wird euch euer Vater eure Verfehlungen auch nicht vergeben. (Luther Bibel 1984)*

Liebe Gemeinde,

heute ist Muttertag. Und zugleich haben wir im Predigttext gehört, dass dort häufiger der Begriff „Vater“ genannt wird. Muttertag und „Vater Unser“. Das sind doch zwei Themen, die gut zusammenpassen: Es geht um die Eltern. Wir können uns heute an diesem Tag mit dem Gedanken beschäftigen, wer unsere Eltern sind oder waren und was sie für unser Leben bedeuten oder bedeutet haben.

Dazu möchte ich ihnen zunächst eine kleine Aufgabe geben: Stellen sie sich, stellt euch euren Vater oder eure Mutter einmal vor, als Phantasiebild, aus der Erinnerung oder aus der Gegenwart. Denken sie an ihren Vater oder ihre Mutter und überlegen sie einmal, auf welche Worte sie als Kind gewartet und die sie nie gehört haben. Welche Worte wollten sie als Kind immer mal von ihren Eltern hören?

Sie rufen sich diese Worte jetzt in ihr Gedächtnis. Können und möchten sie diese Worte heute jemandem sagen? Sind sie vielleicht inzwischen selbst Vater oder Mutter? Oder kann man diese Worte auch jemand anderem sagen? Auch wenn wir diese Worte jetzt nicht hören können und wollen, dann weiß ich doch: Diese Worte sind sicherlich ganz persönliche Worte, Worte von Liebe, Freiheit und von Bindung.

Vielleicht haben sie jetzt aber auch gedacht: Diese Aufgabe, diese Frage, welche Sätze wir vergeblich von unseren Eltern erwartet haben, ist nicht die wichtigste. Ist nicht die wichtigste Aufgabe am Muttertag und in Gedanken an unseren Vater und unsere Mutter eher die Dankbarkeit dafür, was unsere Eltern für uns getan haben? Mit welchen Worten könnten wir unseren Eltern danken? Und auch dabei gibt es sicherlich verschiedene Möglichkeiten.

Wir haben jetzt schon verschiedene Sätze gedacht, oder sie sind in uns laut geworden: Sätze, die wir von unseren Eltern vermisst haben, aber auch Sätze, die wir vielleicht noch nicht so oft selbst gesprochen haben. Vielleicht aber auch Sätze, die wir gesagt haben und die wir jederzeit noch einmal sagen würden. Wenn unsere Eltern in Gedanken vor uns treten, dann ist es doch anscheinend so, als kämen wir mit ihnen ins Gespräch. Wir haben das Gefühl, als könnten wir in Gedanken mit unseren Eltern sprechen, denn sie sind uns nah.

Wir haben nun gehört und gespürt und erlebt, dass wir dann, wenn wir an unsere Eltern denken, dass wir dann mit ihnen ins Gespräch kommen. Diese Erfahrung wird von Jesus auf die Beziehung zu Gott übertragen. Das Leben im Glauben ist im Grunde ein Leben in einer ständigen Beziehung und zugleich in einem inneren Gespräch mit Gott. Wir können das Gespräch laut machen, dann sagt man dazu Gebet. Wir können es aber auch einfach nur denken und in unseren Lebensalltag hineinnehmen.

Das, was Menschen im Glauben praktizieren, die ständige Beziehung zu Gott, das Gespräch mit Gott, wird im Gebet ausdrücklich formuliert. Das können wir zu Hause als Einzelne tun, das können wir jederzeit dort tun, wo wir leben. Egal, mit welchen Menschen wir zusammen im Raum sind. Egal ob wir allein sind, im Auto, in der Bahn oder sonst wo. Wir können es aber auch in der Gemeinschaft mit anderen tun, in der Gemeinde.

Damit bin ich schon im Hauptteil meiner Predigt angekommen. Ich möchte zum Ersten das Gebet Jesu, das „Vater Unser“ ein wenig erläutern. Danach möchte ich zum Zweiten auf die Frage eingehen, was das so verstandene Gebet für den Glauben bedeutet.

Es ist ja nicht zufällig, dass Jesus in diesem kleinen Abschnitt das Gebet überliefert, das wir bis auf den heutigen Tag auch in vielen Konfessionen mit vielen Christinnen und Christen gemeinsam beten können, das Gebet, das wir auch das Herrengebet nennen:

*Vater Unser im Himmel,*

*Geheiligt werde dein Name. Dein Reich komme.*

*Dein Wille geschehe, wie im Himmel so auf Erden.*

*Unser tägliches Brot gib uns heute und vergib uns unsere Schuld wie auch wir vergeben unseren Schuldigern. Und führe uns nicht in Versuchung, sondern erlöse uns von dem Bösen.*

Der Schluss, den wir üblicherweise beten, ist in diesem Evangelium nicht von Anbeginn an überliefert, sondern später hinzugefügt worden: *Denn dein ist das Reich und die Kraft und die Herrlichkeit in Ewigkeit. Amen.*

Wir konzentrieren uns damit auf die Anrede und die sieben Bitten des *„Vater Unser“*.

Die Anrede, das „Vater Unser“, greift im Grunde das auf, was ich gerade schon gesagt habe: Diese Anrede ist mit dem Wort *Abba* eine ganz persönliche Anrede an Gott. Es ist das Wort, das jedes Kind zu seinem Vater sagt, Papa oder Mama. Mit dieser Anrede beginnt das „Vater Unser“ und stellt die Beziehung zu Gott damit auf die gleiche Stufe wie die Beziehung zu unseren Eltern. Gott ist für uns der himmlische Vater, so wie unsere Eltern unsere irdischen Eltern sind. Wir sind wie Kinder vor Gott. Wir haben unser Leben aus der Schöpfung von Gott empfangen, und wir können in unserem Leben wie Kinder vor Gott stehen, und wir können vor Gott stehen und mit Gott sprechen, wie Kinder mit ihren Eltern sprechen.

Wir können auch erwarten, dass Gott uns in unserem Leben Hinweise und Führung gibt. Dass er uns vielleicht Ratschläge gibt, wie Eltern Kindern Ratschläge geben. Dass er uns auch ganz selbständig sein lässt und versuchen lässt, unser Leben selbständig zu leben. Wir leben dann ganz in dem Wissen, dass wir in der Beziehung zu Gott stehen, aber gleichzeitig eigenständig und selbstbewusst sind, ganz so wie Eltern dies in Bezug auf ihre Kinder erwarten und sie doch freigeben und ihnen ermöglichen müssen, eigene Entscheidungen zu treffen.

Ich denke, genau diese Gedanken sind einfach mit der Anrede „Vater Unser“ gemeint.

Natürlich wird Gott hier nicht unser richtiger Vater oder unsere richtige Mutter, sondern es geht um das Verständnis Gottes in der Religion. Und genau darauf geht das „Vater Unser“ in den ersten drei Bitten genauer ein. In Wirklichkeit sind diese drei Bitten ein kurzes Glaubensbekenntnis. *„Geheiligt werde dein Name, Dein Reich komme, dein Wille geschehe.“* Der Name Gottes, das Reich Gottes und der Wille Gottes umgreifen das, was wir unter der Wirklichkeit Gottes verstehen. Man könnte es auch ein Gottesbild nennen, eine Gottesvorstellung. Wir stellen uns Gott vor als eine Person mit einem bedeutenden Namen. Der Name, der so wichtig ist, dass er in Israel nicht ausgesprochen werden darf, sodass man nur „Herr“, hebräisch *„Adonai“,* zu ihm sagte. Und auch wir sprechen einen Namen Gottes nicht aus, sondern sagen einfach Gott oder Vater. Wenn wir nun bitten: „Dein Reich komme“, dann stellen wir uns die Person Gottes genauer vor. Es liegt auf der Hand, dass hier Gott verglichen wird mit einem irdischen Herrscher, nur dass wir genau wissen, dass es sich hier nicht um ein irdisches, politisches Reich handelt, sondern um die Gegenwart des himmlischen Reiches auf unserer Erde und in unserem Leben. Wir sehnen uns danach, dass wir die Liebe Gottes und den Segen Gottes in unserem Leben erfahren können. Darum sagen wir in der dritten Bitte: „Dein Wille geschehe, wie im Himmel, so auf Erden.“ Hier wird noch einmal ausdrücklich der Wunsch formuliert, dass uns Gottes Gegenwart nicht so fern sei, wie Gott es uns normalerweise eben ist, sondern dass uns Gottes Gegenwart ganz nahe kommen soll und in unserem Leben erfahrbar wird. Dass dort, wo wir die Liebe Gottes, die Nähe Gottes brauchen, dass wir ihn eben dort auch spüren können. Dass er uns begegnet in unseren Mitmenschen, in der Natur, in der wir leben. Dass wir verstehen können und begreifen, dass wir ganz von der Gegenwart Gottes in unserem Leben umschlossen sind. Mit diesen Gedanken wendet sich der Beter des „Vater Unser“ also ganz automatisch an die Erde und an das Leben und erinnert sich nun folgerichtig daran, was für das persönliche Leben und das Leben in der Welt lebensnotwendig ist.

Dazu zählen die nächsten vier Bitten: *„Unser tägliches Brot gib uns heute."* Aus der Erklärung Martin Luthers zu diese Bitte wissen wir, dass es eben nicht nur um die Nahrung geht, nicht nur um das, was für unseren Leib, sondern auch um das, was für unsere Seele wichtig ist. Dass auch der Friede, dass Freundschaft und Familie, Ehe und gegenseitiges Verständnis zum täglichen Brot gehören. *„Vergib uns unsere Schuld, wie auch wir vergeben unseren Schuldigern."* Auf diese Bitte kommt Jesus im Anschluss an das „Vater Unser" noch einmal zurück. Ist es eine Bedingung: „(...) wie auch wir vergeben unseren Schuldigern?" Nein! Ich denke, es macht nur deutlich, dass Gott hier keine Phantasievorstellung ist, sondern dass es wirklich um die reale Vergebung in unserem Leben geht, um die Beziehung zu unseren Mitmenschen. Dass wir nicht so tun können, als könne Gott unser Leben gerade machen und richtig, wenn wir selbst mit unseren Mitmenschen ganz anders umgehen. Gott ist kein Lückenbüßer. Das geht nicht. Wir können Gott um die Vergebung bitten. Gott kommt uns entgegen als der himmlische Vater. Aber er ist auch der, der von uns erwartet, dass wir diese Vergebung in unseren Beziehungen genauso leben.

Die letzten beiden Bitten gehen auf die Gefahren für unser Leben in dieser Welt ein. Eltern geben ihren Kindern ja einen Schutzraum, und wir erfahren, dass wir als Menschen diesen Schutzraum ja gar nicht haben. Dass wir den Einflüssen all dessen, was uns begegnet, ausgeliefert sind. So bitten wir Gott als unseren himmlischen Vater: *„Und führe uns nicht in Versuchung, sondern erlöse uns von dem Bösen."* Wir sprechen so ein wenig die Erwartung aus, dass uns Gott in seiner Hand hält und beschützt. Dass er unser Leben in eine Welt der Liebe und des Friedens hineinführt. Und auch wenn wir dies manchmal nicht erfahren, so werden wir doch gerade diese Hoffnung durch den Glauben und die Beziehung zu Gott selbst immer wieder erneuern.

Ich glaube nicht, dass uns das „Vater Unser" hier eine Welt der Religion vorspiegelt, die mit dem übrigen Leben nichts zu tun hat. Im Gegenteil. Ich bin der Meinung: Es gibt nur eine einzige Welt, in der wir leben. Der Glaube vollzieht in dieser Welt immer wieder das Gespräch mit Gott und zieht Gott in die Gegenwart unseres Lebens mit hinein. Gebet und Glaube sind in Wirklichkeit dasselbe, ein immerwährendes Gespräch mit Gott.

Und so komme ich zum Schluss: Glauben heißt, mit Gott zu denken und zu sprechen, in Beziehung mit Gott zu sein. Glauben heißt, mit Gottes Liebe und Frieden im Alltag zu rechnen. Glauben heißt, vor Gott für die Mitmenschen einzutreten.

Beten ist die Arbeit des Glaubens. Ich möchte das Gebet vom Glauben gar nicht so sehr unterscheiden, sondern ich sehe im Gebet das, was ausgesprochen wird, zum Beispiel im Gottesdienst. Gebet ist das, was den Glauben ausmacht. Und so heißt Glauben: Mit Gott zu rechnen. Mit Gott in jeder Minute meines Lebens zu rechnen und zu wissen, dass er da ist. Dass wir unser Leben von ihm haben und dass wir unser Leben auch vor ihm verantworten wollen und dürfen. Glauben heißt ja, so etwas zu haben wie einen himmlischen Vater oder eine himmlische Mutter, mit der wir im Gespräch sein können, in Gedanken wie mit unseren wirklichen Eltern.

Das bedeutet natürlich auch: Glauben heißt mit Gottes Liebe zu rechnen. Gott ist ja keine abstrakte Größe. Wir verbinden mit Gott ganz bestimmte Eigenschaften. So wie Jesus uns Gott nahe gebracht und gezeigt hat, ist Gott der gnädige Gott, der barmherzige Gott. Gott segnet uns. Gott will uns seinen Frieden in unserem Alltag schenken, und Gott will Liebe und Vergebung unter den Menschen erneuern. Das heißt: Gott ist eine Größe der Erfahrung und widerspricht natürlich vielen Erfahrungen, die wir sonst im Leben mit anderen Menschen machen: Er widerspricht der Erfahrung des Neids. Widerspricht der Erfahrung des Hasses und der Gewalt. Widerspricht den Erfahrungen des Streites und der Ungerechtigkeit.

In Gedanken sind wir damit auch ständig im Widerspruch zu Vielem, was wir in unserem Leben erfahren. Dieser Widerspruch ist nicht unserer, sondern es ist die Sprache Gottes in uns. Das heißt: Wir können im Namen Gottes auch protestieren gegen die Gewalt und gegen vieles, was mit Menschen geschieht. Mit Gott zu rechnen ist nicht nur ein stilles Gespräch, sondern kann auch ganz aktiv sein.

Glaube heißt: Vor Gott für die Mitmenschen einzutreten. Wir können also ganz praktisch für unsere Mitmenschen eintreten: Liebe deinen Nächsten wie dich selbst und fangen einfach einmal damit an, dass wir an sie denken. Wir denken an sie, indem wir Gott gegenüber für sie beten. Das Gebet ist gar nicht nur ein Gespräch mit und um uns selbst, sondern wir können in das Gebet unsere ganze Welt und unsere ganze Erfahrung einbeziehen.

So als hätten wir unsere Eltern vor Augen, die wir lange nicht gesehen haben und würden ihnen erzählen, wie unser Leben aussieht und würden ihnen unsere Sorgen erzählen und das, was uns Freude macht.

Und so erleben wir im Gebet ganz praktisch die Nähe Gottes. Wir erfahren, dass Gott nah ist und zuhört, dass wir alles aussprechen können, was wir sagen möchten.

Amen.

# Gott rettet und bewahrt. Nach Psalm 146.

Du, Gott, ich will dich immer loben
Und singe dir, so gut es geht.
Verlasst euch nicht auf die von oben,
Es sind nur Menschen, das versteht!

Du, Gott, wenn Pläne still vergehen,
So doch nicht die aus deinem Haus.
Ich glaub nur dir, wie Wolken gehen,
Vertrau dir ganz, mit Mann und Maus.

Du, Gott, bist immer der Befreier.
Dem Hungernden gib, was er braucht.
Du kennst nicht nur die alte Leier,
Auch wenn die Luft ist ganz verbraucht.

Du, Gott, liebst die, die Treue halten,
Bleibst auf der Erde allezeit.
Du willst die Schöpfung gut erhalten,
Die Menschheit auch in Ewigkeit.

# Das Gebet Jesu in Gethsemane als Modell – Matthäus 26,41

***Predigt am Gründonnerstag 2011 über den Monatsspruch April 2011***

*Lesung:*

*Wachet und betet, dass ihr nicht in Anfechtung fallet. (Matthäus 26,41)*

Liebe Gemeinde,

zunächst beginne ich mit einer Problemanzeige:

Die Auswertung einer Umfrage der Bertelsmannstiftung, die mir vorliegt, habe ich mal mit einigen Schülern auf die Bezugsgruppe der 18-29jährigen untersucht. Die gefundenen Ergebnisse stammen aus dem Jahr 2007. (Religionsmonitor Germany – Tabellen von TNS Emnid, Zeitraum: 14.05. – 15.06.2007 – unveröffentlicht - Datengrundlage von: Religionsmonitor, hrsg. von der Bertelsmann-Stiftung, Gütersloh 2007).

Besonders hervorzuheben sind folgende Feststellungen:

- Im Blick auf die religiöse Praxis sowohl im privaten Bereich, als auch in der Teilnahme an öffentlichen Angeboten wie Gottesdiensten usw., fällt ein Widerspruch auf, der zur religiösen Erosion beiträgt. Persönlich, individuell wird das Thema Religion tabuisiert und als Privatsache angesehen, allerdings fällt dabei die private Praxis fast völlig weg. Selbst Muslime beten wenig. Wenn Jugendliche religiös sind, dann nicht intensiv, eher beiläufig. Die öffentliche Praxis, also die Teilnahme an religiösen Angeboten vom Gottesdienst bis zur Beerdigung wird eher akzeptiert. Allerdings wird dadurch, dass Religion selbst eher eine Privatsache ist, das Angebot der Gottesdienste wenig genutzt. Man betet also, wenn überhaupt, in kirchlicher Gemeinschaft, die man aber immer weniger sucht. Die Verbindung zwischen Religion und Alltag fällt fast völlig weg. Dadurch, dass sich die Schere zwischen öffentlichem religiösen Angebot und privatem Gebet immer weiter öffnet, findet sowohl im öffentlichen als auch im privaten Bereich die Religion immer weniger Raum.

> Die Religion ist damit nicht ausgeschaltet, aber man nimmt sie vor allem als Angebot in der Krisenzeit wahr, als Spezialgebiet im Zusammenhang mit Tod, Krankheit und Leid, wovon man allerdings im Jugendalter weitgehend verschont werden möchte. Religion ist als Stütze in der Krise willkommen und wird mit den Themen Leid und Ungerechtigkeit in Verbindung gebracht. Trotz einer Distanz zur Institution Kirche oder einer anderen Religion gibt es eine positive Einstellung zum religiösen Gefühl, dass man mit Begriffen wie Ehrfurcht und Dankbarkeit in Verbindung bringt, man braucht es nur eben nicht sehr oft. Sogar Hoffnung, Liebe und Freude werden in Verbindung mit Gott gebracht. Man kann sich vorstellen, dass in einer späteren Lebensphase ein stärkerer Kontakt mit der Kirche auch wieder zu einer Verstärkung der religiösen Praxis führen kann, z. B. im Zusammenhang zur Gründung einer Familie.

Die Schülerinnen und Schüler schließen daraus, dass vieles, was die Kirche anbietet oder wie sie uns erscheint, als veraltet angesehen wird. Man sieht in der Religion aber einen guten und sinnvollen Kern, eine Aufgabe, die man bewahren und für die eventuell nötige Zeit zurückstellen möchte. Aus Sicht der Kirche bedeutet das aber eine immer stärkere Entfremdung von der Kirche, denn wie sollen die Menschen überhaupt Zugang zu den Inhalten des Glaubens finden, wenn sie zur Kirche keinen Kontakt finden oder pflegen?

Die Herausforderung richtet sich jetzt aber an nicht an die jungen Menschen, wie man pauschal denken möchte, sondern an uns als Gemeinde, die doch das kirchliche Kernangebot vertritt, wie man ja immer zu hören bekommt.

In diesem Zusammenhang berührt mich das Wort des Monatsspruchs, dass ich nun in zweifacherweise entfalten möchte: Zuerst lese ich uns einmal den ganzen biblischen Zusammenhang, aus dem dieser Vers genommen ist und schließe ein paar Beobachtungen daran an.

*Jesus betet im Garten Getsemani - Matthäus 26,36-46*

*36 Dann kam Jesus mit seinen Jüngern zu einem Grundstück, das Getsemani hieß. Er sagte zu ihnen: „Setzt euch hier! Ich gehe dort hinüber, um zu beten.“ 37 Petrus und die beiden Söhne von Zebedäus nahm er mit. Angst und tiefe Traurigkeit befielen ihn, 38 und er sagte zu ihnen: „Ich bin so bedrückt, ich bin mit meiner Kraft am Ende. Bleibt hier und wacht mit mir!“ 39 Dann ging er noch ein paar Schritte weiter, warf sich nieder, das Gesicht zur Erde, und betete: „Mein Vater, wenn es möglich ist, erspare es mir, diesen Kelch trinken zu müssen! Aber es soll geschehen, was du willst, nicht was ich will." [40]Dann kehrte er zu den Jüngern zurück und sah, dass sie eingeschlafen waren. Da sagte er zu Petrus: „Konntet ihr nicht eine einzige Stunde mit mir wach bleiben? [41]Bleibt wach und betet, damit ihr in der kommenden Prüfung nicht versagt. Der Geist in euch ist willig, aber eure menschliche Natur ist schwach." [42]Noch einmal ging Jesus weg und betete: „Mein Vater, wenn es nicht anders sein kann und ich diesen Kelch trinken muss, dann geschehe dein Wille!" [43]Als er zurückkam, schliefen sie wieder; die Augen waren ihnen zugefallen. [44]Zum dritten Mal ging Jesus ein Stück weit weg und betete noch einmal mit den gleichen Worten. [45]Als er dann zu den Jüngern zurückkam, sagte er: „Schlaft ihr denn immer noch und ruht euch aus? Die Stunde ist da; jetzt wird der Menschensohn an die Menschen, die Sünder, ausgeliefert. [46]Steht auf, wir wollen gehen. Er ist schon da, der mich verrät!" (Gute Nachricht Bibel)*

Petrus und die beiden Söhne des Zebedäus – im Evangelium vom Rangstreit unter den Jüngern wollten sie die Ersten sein, und jetzt schlafen sie. Der äußere Rahmen dieser Geschichte zeigt, dass Jesus nun verstärkt von seinen Jüngern abrückt. Erst lässt er die ganze Gruppe zurück und nimmt nur drei in den Garten mit und bittet auch diese zurückzubleiben. In der Tradition wird dies immer auf die Passion hin gedeutet, da Jesus jetzt seinen Weg allein zu gehen hat, seine eigene, besondere Mission zu erfüllen hat. Doch ist das die einzige Möglichkeit? Vielleicht zeigt diese Geschichte auch beispielhaft, dass das Gebet, auch das Gebet Jesu, dann am innigsten und ehrlichsten ist, wenn es nicht vor anderen -und sei es vor den anderen Jüngern- gesprochen wird, sondern alleine vor Gott. Dies verstärkt die Entfernung der Jünger doch gerade. Dann tritt auch die Verfehlung der drei, die schlafen, anstelle zu wachen, ein wenig in den Hintergrund. Immerhin: Sie sind ja da und geben Jesus die Möglichkeit, ungestört allein zu sein.

Zweimal redet Jesus mit ihnen, den Dreien, und einmal, zum letzten Mal, lässt er sie schlafen. Zum ersten Mal bekennt er ihnen seine eigene seelische Not: „Meine Seele ist betrübt bis in den Tod; bleibt hier und wacht mit mir." Dieser Satz ist erst im zweiten Teil eine Ermahnung. Der erste Teil beschreibt Jesu Seelenlage. Heute würde man sagen: Trauer, Depression und Verzweiflung nehmen ihm sämtlichen Mut. Erst in der Stille findet er wieder zu neuer Kraft. Es geht in dieser Geschichte also nicht um die Gefangennahme, die drohte, sondern um das Wachen zur Zeit des Gebets Jesu, der sehr betrübt war, da er mit einer unheilvollen Wendung rechnete.

Das Gebet Jesu erfolgt in mehreren Schritten, die von einer gewissen Unruhe geprägt sind. Denn immer wieder steht er auf und geht zurück. Die Abfolge der einzelnen Gebetstexte zeigt einen Fortschritt. Zuerst bittet er um die Verschonung. *„Mein Vater, ist's möglich, so* *gehe dieser Kelch an mir vorüber; doch nicht, wie ich will, sondern wie du willst.“* Wenn er sich also dem Willen Gottes anschließt, so nicht um seiner eigenen Meinung willen. Jesu Lebenswille wendet sich gegen seinen nahen und möglichen, unabwendbaren Tod. Diese erste Bitte zeigt in meinen Augen die Gestalt der Anfechtung. Doch das dann folgende Gebet wandelt diese Einstellung. In der Stille findet Jesus die Kraft, zu seinem Weg „ja“ sagen zu können: *„Mein Vater, wenn es nicht anders sein kann und ich diesen Kelch trinken muss, dann geschehe dein Wille!“* Noch einmal zeigt sich, wie schon bei der Betrachtung seines Abschieds vom Jüngerkreis, dass die Situation in Gethsemane nicht nur auf die Passionsgeschichte zu passen scheint, sondern auch ein Paradebeispiel des persönlichen Gebets darstellt. Jesus hatte sich schon in der Bergpredigt vom öffentlichen Schaugebet abgewandt und das stille Kämmerlein zum Gebet empfohlen. Diese private Praxis, wie ich es einmal nennen möchte, gehört zur Ausübung der christlichen Religion. Religion im Sinne Jesu ist keine öffentliche Zurschaustellung, sondern die Begegnung mit Gott im Evangelium, im Wort und im Gebet. Das Wort begegnet uns im Gottesdienst, und dort beten wir gemeinsam. Aber diese Gebete ersetzen das eigene persönliche Gebet nicht.

Richten wir noch einmal den Blick auf Jesu Verhältnis zu den drei zurückgebliebenen Jüngern: Zuerst sagt er: *„Ich bin so bedrückt, ich bin mit meiner Kraft am Ende. Bleibt hier und wacht mit mir!“*

Doch diese Jünger schlafen ein. Er weckt sie auf und spricht wieder mit ihnen: *„Könnt ihr nicht eine Stunde mit mir wachen. Wachet und betet, dass ihr nicht in Anfechtung fallt. Der Geist ist willig, aber das Fleisch ist schwach.“*

Er betet erneut und geht wieder zurück. Und wieder schlafen die Jünger.

Diesmal ließ er sie schlafen und betete das dritte Mal. Erst dann weckt er sie und bat sie, mit ihm zu gehen mit den Worten. *„Siehe die Stunde ist da, dass der Menschensohn in die Hände der Sünder überantwortet wird. Steht auf und lasst uns gehen!“* Wenden wir auch dies auf die Frage der Religion an und nicht auf die Passionsgeschichte, dann zeigt uns diese Geschichte die Situation der Kirche, vielleicht sogar der frühen christlichen Gemeinde von Anfang an. Die Stärke des Glaubens zeigte sich oft im stillen, privaten Gebet. Die öffentliche Erscheinung der Kirche macht dagegen den Eindruck eines schlafenden und passiven Kreises. *„Der Geist ist willig, aber das Fleisch ist schwach.“*

Richten wir unser Augenmerk noch einmal kurz auf das Gebet Jesu selbst:

Das Gebet hat eigentlich nur zwei Aussagen: Die Bitte um Verschonung und die Ergebung in Gottes Willen *„Dein Wille geschehe"*. Hier zeigt sich die Anwendung des Vater-Unser-Gebets. Wir bitten mit Jesu Worten Gott darum, dass er uns heilt oder verschont, und zugleich sagen wir doch: *„Dein Wille geschehe"*. Einerseits erwarten wir von Gott, dass er in unser Leben eingreift, unsere Lage verbessert, und andererseits wünschen wir, dass Gott seinen Willen geschehen lässt, unabhängig davon, dass er unsere Wünsche in Erfüllung gehen lässt. Unser Gottes-Verhältnis ist spannungsvoll. Gott ist kein Gebetsautomat. Er kann auch völlig unverständlich und fern sein. Die Katastrophen überschlagen sich. Manche leiden jahrelang. Und doch können wir von Gott erwarten, dass sein Wille geschehe, auf dieser Erde. Das soll nicht heißen, dass unser Schicksal Gottes Wille ist, wenn wir leiden, sondern dass unser Leiden nicht sinnlos sein muss und zum Willen Gottes dazugehören kann. Ein Beispiel ist die Katastrophe in Japan. Viele sehen in der Katastrophe das Ende der Atomkraft. Und das wäre ein guter Sinn dieses Leidens, trotz der vielen Toten.

Jesus, der Menschensohn, wird in die Hände der Gegner überantwortet und sogar verraten. Der Weg Jesu, der Passionsweg, hat eben unterschiedliche Stationen. Kein Leiden kann gegen das andere ausgespielt werden. Das seelische Leiden, dass uns hier gezeigt wird, ist nicht weniger schmerzvoll als die wirklich brutalen Schläger oder die Kreuzigung selbst. Die Passionsgeschichte ruft uns zeichenhaft die Formen des menschlichen Leidens ins Bewusstsein und zeigt, dass Gott in Jesus diese Leiden alle bereits kennt. Dazu gehören also seit Gethsemane die Verlassenheit und die seelische Not.

Die Gestalt des christlichen Glaubens wird sich vielleicht in Zukunft ändern. Die Grundhaltung des Gebets aber sollte gleich bleiben.

Amen.

# Auferstehung. Nach Psalm 102.

Du, Gott, wirst du mich bald erhören?
Verbirg dich bitte nicht vor mir!
Ich möchte mich doch jetzt empören;
Hör' mich doch bald, ich schrei' zu dir.

Du, Gott, ich liege schon im Sterben.
Mein' Zeit wird bald zu Ende sein,
Die alle Menschen von dir erben;
Bin Haut und Knochen jetzt allein.

Du, Gott, regierst für alle Zeiten.
Sieh' doch vom Himmel jetzt herab!
Die Feinde deiner Stadt bereiten
Uns alle heute unser Grab.

Du, Gott, hörst doch die Unterdrückten.
Du schaffst einmal das neue Land.
Das Heil versprichst du den Bedrückten.
Die andern modern wie'n Gewand.

# Gott ist da. Nach Psalm 139.

Du, Gott, bist immer mir zur Seite.
Du kennst mein Leben Tag für Tag.
Mit deinem Geist ich sicher schreite.
In deiner Hand liegt mein Vertrag.

Du, Gott, wie soll ich das verstehen,
Dass du zugleich im Himmel bist
Und zu den Toten auch kannst gehen
Von Ost bis West ganz ohne List.

Du, Gott, die Nacht des Lebens Dunkel
Liegt hell in deiner Gegenwart.
Dein Licht erstrahlt wie Sterngefunkel.
Es gilt das Morgen, neuer Start.

Du, Gott, hältst fest den Geist des Lebens,
Der alles fein zusammenfügt,
Was schon vor Zeiten nicht vergebens
Im Mutterleib verborgen liegt.

Du, Gott, schreibst in ein Buch die Worte,
Die meinen Lebenslauf versteh‘n.
Das was ich tu an welchem Orte,
Nach deinem Willen wird gescheh‘n.

Du, Gott, kannst es auch gar nicht leiden,
Wird mir dann mal ein Haar gekrümmt.
Um deinen Segen mich beneiden,
Die nur auf Leistung sind getrimmt.

Du, Gott, allein kennst die Gefahren,
Die abseits deines Weges droh‘n.
Zieh mich dann mal an meinen Haaren,
Und rufe: „Stop!“ Ich hör dann schon.

# Warum? Fragen nach der Katastrophe in Japan – Markus 12,41-44

***Predigt Sonntag Okuli 2011***

Liebe Gemeinde,

den Predigttext werde ich erst später vorlesen, da ich ihn nicht voranstellen, sondern in die Predigt integrieren möchte. Zu Beginn möchte ich die aktuelle Situation aufgreifen, in die uns die Katastrophe in Japan gebracht hat: Erdbeben, Tsunami und der atomare Super GAU. Dazu möchte ich kurze Texte vorlesen, die in zwei Klassen auf die Frage niedergeschrieben worden sind, was denn diese Katstrophe mit Gott oder der Religion zu tun hat. Die Fragen habe ich im Folgenden aufgeführt und in sinnvolle Abschnitte, an Grundfragen orientiert, geordnet.

Frage 1:

*Was will Gott damit bezwecken? Wieso macht er so was? Will Gott uns testen? Haben die Toten irgendwas verbrochen? Haben die Überlebenden überlebt, weil sie etwas Gutes getan haben? Wieso hat er es ausgerechnet in Japan geschehen lassen? Hat Gott die Menschen aufgegeben, und wird er noch mehr solcher Dinge geschehen lassen? War das das Verschulden von Gott, oder sind wir Menschen selbst daran schuld? War Gott gegen die Atomkraftwerke in Japan und wollte den Menschen damit ein Zeichen geben? Gehört das alles zu einem Plan oder einem Test durch Gott?*

Die Fragen sollte man eigentlich unkommentiert lassen, denn sie sprechen für sich. Interessant ist jedoch, dass hier Gott eine Absicht unterstellt wird. Die Einstellung gegen die Atomenergie scheint nahezuliegen. Das Gottesbild liegt zwar im Dunkeln, da die Vorstellung von Gottes Handeln und Allmacht anklingt, dennoch führt Gott hier die Menschen zu neuem Nachdenken. Insofern hat die Katastrophe für die Überlebenden einen Sinn.

Frage 2:

*Verwandte Fragen von drei Schülern: Warum hat das Japan verdient? Wieso werden meistens die ärmeren Länder betroffen? Warum lässt Gott so was zu? Warum hat Japan das verdient? Gott soll doch die Menschen schützen? Wieso müssen so viele Menschen sterben? Wieso sind immer die ärmeren Länder betroffen?*

Die „Warum?"-Frage steht im Raum. Hier zeigt sich schon das Ende der Vorstellung eines konstruierten Gottesbildes. Es ist geradezu tragisch, dass immer die ärmeren Länder betroffen sind oder jetzt in einem reichen Land noch eine Atomkatastrophe dazu kommt. Gottes Allmacht ist klar infrage gestellt, ja es wird eventuell sogar seine Existenz angezweifelt: „Gott soll doch die Menschen schützen".

Frage 3:

*Warum wird der Glaube der betroffenen Bevölkerung bei Katastrophen (auch Naturkatastrophen) an Gott größer, wenn sie ihm doch im eigentlichen Sinn die Schuld daran geben?*

Eine interessante Überlegung. Obwohl die „Warum?"-Frage offenbleibt und die Menschen Gott als der höheren Macht die Schuld an den Ereignissen geben, wird der Glaube durch die Katastrophe größer. Warum ist das so? Es liegt wohl daran, dass die Angewiesenheit der Menschen und die Unverfügbarkeit allen Lebens durch die Ereignisse so stark ins Blickfeld geraten - mehr noch als Gottes Ohnmacht. Die Bilder von der Krisenbewältigung am Atomkraftwerk verdeutlichen plastisch die Grenzen menschlicher Verfügungsgewalt, entgegen aller Beteuerung, die Technik sei sicher und beherrschbar. Die faktische Erkenntnis muss sein: Das Leben ist ein unverdientes Geschenk. Jeder Tag ist neu.

Frage 4:

*Ich finde es schrecklich, was passiert ist. Aber das sind die Folgen der Natur, wenn man auf sie nicht hört. Die Leute tun mir echt leid und alle nehmen daran auch teil, die ganze Welt. Schön ist jetzt, wie „alle" Welt Anteil nimmt und wie die es auch so bewegt. Keinem ist egal, was passiert. Schließlich geht das uns alle was an. We pray for Japan.*

Kommentar: Nun folgen also noch zwei Beispiele der nichtreligiösen Deutung. Interessant ist, dass die Natur göttlichen Charakter bekommt. Sie ist nun die Macht, die die Katastrophe bewirkt. Ein anderer sagt sogar: Die Natur schlägt zurück.

Frage 5:

*Japan gehört zur Welt, und es geht um das Überleben der Menschheit und der Natur. Ich frage mich bloß, wie die Menschheit die Natur so verunstalten kann?*

Man könnte sagen: Das Erdbeben ist eine Reaktion der Natur auf Zerstörung und Veränderungen, also indirekt die Folge der menschlichen Zivilisation.

Frage 6:

*2012 naht. Der liebe Gott setzt uns damit ein Zeichen. Er hat uns die Erde zum Leben geschenkt, und wir wissen es nicht zu schätzen. Und das haben wir nun davon!*

Gott und das Leben gehören zusammen und bilden eine Einheit. Das wird durch die biblische Schöpfungsgeschichte ja auch bestätigt. Das Erdbeben soll ein Zeichen für das Leben sein.

Frage 7:

*Durch Naturkatastrophen, so wie in Japan, fangen die Leute mehr und mehr an, zu Gott zu beten, dass nichts Schlimmeres passiert oder dass es aufhört. Durch so etwas wird der Glaube an Gott verstärkt.*

Die Menschen fangen an zu beten, trotz aller Zweifel. Auch wenn es paradox klingt, könnte man sagen: Sie beten, bevor sie glauben. Die Verzweiflung über die Katstrophe führt zur Religion, obwohl Gott damit direkt nichts zu tun hat. Letztlich sind alle Aussagen zurückzuweisen, die Gott als Ursache dieser Katastrophe sehen. Der Mensch selbst ist schuld. Gott hat die Katstrophe nicht verhindert. Aber hätte er das gekonnt?

Fazit dieser Umfrage:

Die Vorstellung von Gottes Allmacht im Sinn eines höchsten Wesens kann keine Antwort auf die „Warum?“-Frage angesichts der Katstrophe liefern. Die Frage nach dem „Warum?“ kann und darf offenbleiben. Die Fragen verändern sich ohnehin, und am Ende steht die Frage: „Wozu?“ Doch auch diese ist zu zielorientiert und sieht einen allmächtigen Gott hinter der Katastrophe. Die eigentlich biblische Frage nach Gott ist anders gestellt. Sie lautet nicht „Warum?“, sondern „Wo?“ - Wo ist Gott in dieser Katastrophe? Wo ist Gott und wo war Gott? Auf welcher Seite steht Gott? Auf diese Frage deuten sich zwei Antworten an:

1. Antwort: Gott steht auf der Seite der Natur. Wenn die Natur leidet, wenn das Leben gefährdet ist, will Gott der Natur zum Recht verhelfen.

2. Antwort: Gott steht auf der Seite der Menschen in Not, auf der Seite der Opfer. Er lässt zu sich beten und gibt Kraft zum Weiterleben und Hoffnung zum Überleben.

Was bleibt angesichts dieser Ergebnisse noch zu fragen? Welche Frage für die heutige Predigt ist noch offen, auf die nun der Predigttext antwortet? Ich meine, es ist die Frage nach der Position des Glaubens. Diese lautet: Was ist unsere Haltung als Christin und als Christ? Was sind unsere Konsequenzen, unsere Handlungen?

Hierzu möchte ich sie jetzt zu einer kleinen Reise durch einen Bibeltext einladen. Ich werde den Bibeltext nicht nach seiner Aussage fragen. Die Aussage ist vordergründig klar. Und doch ist der Text ein kleines Rätsel. Ich werde die Bilder dieses Textes zeigen und einfach nacheinander kurz anreißen. Diese Bilder geben nicht als einzelne eine Antwort, doch sie ergeben ein Gesamtbild, wie ein vollendetes Puzzle.

Nun verlese ich den Predigttext Markus 12,41-44:

*41 Dann setzte sich Jesus im Tempel in der Nähe des Schatzhauses hin und beobachtete, wie die Besucher des Tempels Geld in die Opferkästen warfen. Viele wohlhabende Leute gaben großzügig.*
*42 Dann kam eine arme Witwe und steckte zwei kleine Kupfermünzen hinein – zusammen so viel wie ein Groschen. 43 Da rief Jesus seine Jünger zu sich heran und sagte zu ihnen: „Ich versichere euch: Diese arme Witwe hat mehr gegeben als alle anderen. 44 Die haben alle nur etwas von ihrem Überfluss abgegeben. Sie aber hat alles hergegeben, was sie selbst dringend zum Leben gebraucht hätte.“ (Gute Nachricht Bibel)*

Die Bilder des Textes sollen im Folgenden kurz angesprochen werden. Die Bilder sind Personen, aber auch Orte und Gegenstände.

Jesus ist der Mensch Gottes: Was Jesus sagt und tut, steht für Gottes Wirklichkeit auf der Erde. Jesus spricht für Gott.

Der Tempel ist das Bild der Gegenwart Gottes (veraltet, denn Gott wohnt nach Paulus nicht in Tempeln), das Bild des Gebäudes der Religion. Der Tempel steht für Kirche, Institution, Versammlung, Opfer, usw. Einerseits wird der Tempel immer weitergebaut und umgebaut, andererseits heißt es, Gott wohne nicht in von Menschen gemachten Häusern. In der Stadt Gottes gibt es keinen Tempel mehr. Die Institution des Tempels wird dann überflüssig sein.

Das Schatzhaus meint die Geldeinnahme der Priester, das Opfer, die Kirchensteuer. Warum sammelt die Kirche Schätze? Was will die Kirche mit dem Geld? Sollen die Priester bezahlt werden, oder soll auch ein kirchliches Vermögen angehäuft werden?

Das Geld: Was ist Geld? Wofür steht Geld? Es ist ein Tauschmittel. Ist der Tempel auch ein Platz des Tauschens? Was wird gegen das Geld getauscht? Andererseits: Wer Religion haben will, muss auch etwas dafür geben. Ist das denn so falsch? Sogar die arme Witwe sieht das ein.

Die Besucher des Tempels: Wer zählt zu den Besuchern des Tempels, nur religiöse Menschen oder auch Touristen? Warum gehen Menschen in einen Tempel? Ist es die Begegnung mit Gott, mit sich selbst, um zu beten, um zum Gottesdienst zu gehen, um Leute zu treffen, den berühmten Pelzmantel auszuführen?

Der Gegensatz ist deutlich: Wohlhabende Leute und die arme Witwe. Dieser Gegensatz meint die Gesellschaft. Die Wirtschaft schafft Unterschiede in der Gesellschaft - vor Gott sind alle Menschen gleich. Die Religion ist kein gesellschaftsfreier Raum, auch hier sind arm und reich präsent. Der Unterschied liegt im Verhalten, nicht in den sozialen Verhältnissen. Doch kann man das letztlich trennen?

Die Gabe steht für die Unterstützung der Religion. Wie unterstützen wir die Religion und warum? Was heißt es denn, die Religion zu unterstützen? Ist damit wirklich nur Geld gemeint, oder steht das Geld hier nicht symbolisch auch für Mitarbeit, Mithilfe, Engagement allgemein?

Die Jünger: Der Kreis um Jesus, die Gemeinde, die an ihn glaubt. Die Jünger werden direkt angesprochen. Eine Gemeinde bildet sich um Jesus. Doch das ist kein elitärer Zirkel. Sie hören Jesu Worte - nicht mehr und nicht weniger.

Die Worte Jesu: Jesus beobachtet und bewertet die Gabe. Die arme Frau hat alles hergegeben. Die Konsequenz und die Übertragung bleiben im Bibeltext selbst offen. Für mich ist klar, dass Jesus sich hier selbst meint. Es geht zwar auch um die Nachfolge, letztlich werden wir ihn aber nicht erreichen. Er gibt alles für die Menschen, sein Leben am Kreuz. Das weiß Markus, und darum erzählt er die Geschichte und das Wort Jesu.

Vom Überfluss abgeben oder alles geben, das ist hier die Alternative. Alles zu geben ist besser. Wofür, bleibt offen. Jesus gibt sich selbst, das ist die Konsequenz. Die Frage ist aber auch, was wir tun: Wir entscheiden selbst, wie viel wir für die Religion geben wollen. Damit machen wir uns zum Richter über unsere eigene Gabe. Man könnte vielleicht sagen: Alles zu geben, das klappt höchstens im Kloster. Doch das ist vorgeschoben. Auch ein Mönch findet den Weg, das für sich selbst und das für Gott auseinanderzuhalten. Vor Gott gibt es diesen zweiten Weg der Trennung „für mich selbst“ – „für Gott“ nicht.

Die Katastrophe in Japan und die Geschichte von der armen Witwe, wie hängen beide zusammen? Es geht nicht ums Geld, auch wenn jetzt in Japan Geld gebraucht wird. Die richtige Konsequenz ist die unserer Haltung und unseres Verhaltens.

Zunächst einmal sollten wir sehen, welches Gottesbild der Evangelist Markus durch das Jesuswort hier zeigt. Gottes Macht und Wesen ist nicht die Vollmacht oder die Allmacht oder die Fülle oder der Reichtum. Gott sind die Menschen lieber, die -subjektiv gesehen- alles geben, als die, die -objektiv gesehen- viel geben. Gott will keine reiche Religion, sondern eine Kirche, die sich einbringt, die sich selbst nicht schont. Gottes Wirken ist nicht verfügbar. Das zeigt der Weg Jesu ans Kreuz. Vor Gott erkennen wir unsere Grenzen. Die Rede vom „Zorn Gottes“ wäre wieder ein Schielen auf Gottes Macht. Selbst die Auferstehung ist kein Machtereignis, obwohl manche Osterlieder uns dies Glauben machen. Die Rede von Macht schafft Unterdrückung. Sie will mit Angst regieren und Völker unterdrücken. Es geht

Jesus nicht um richtig oder falsch, um den richtigen oder falschen Glauben, sondern es geht ihm um die Hoffnung und das Vertrauen. Kirche Jesu sein heißt: Gott hält das Leiden mit uns aus und vertröstet uns nicht. Gott will, dass wir aus den Fehlern lernen und dass die Zerstörung der Menschheit und der Natur aufhört. Das Reich Gottes setzt sich ohne Macht und ohne Geld durch. Die Kirche ist nicht das Reich Gottes, aber sie kündet es an und predigt davon. Sie hält die Hoffnung wach und schenkt Vertrauen. Das größte Zeichen der Kirche ist die praktizierte Nächstenliebe über Grenzen hinweg.

Amen.

# Bitte um den Geist der Vernunft. Nach Psalm 94.

Du, Gott, ich muss dir heut‘ was sagen:
Die ganze Welt ist unheilvoll.
Gewalt hier kann ich nicht vertragen,
Und mich erfüllt der Hass mit Groll.

Du, Gott, gabst doch den Menschen Ohren,
Dass sie einander dann verstehn.
Hab‘n sie ihr Augenlicht verloren,
Dass sie so aus dem Ruder gehn?

Du, Gott, schaffst uns die neuen Rechte,
Damit die Welt erhalten wird.
Beendet wird das Ungerechte.
Du bist der gute Seelenhirt.

Du, Gott, hast Macht auf unsrer Erde.
Du tönst so laut wie‘n Glockenschlag.
Du willst, dass eine Menschheit werde.
Die Zukunft kommt, der neue Tag.

# Bei Gott sicher. Nach Psalm 18.

Du, Gott, bist meine starke Festung,
Wo ich vor Feindschaft sicher bin.
Sogar in tödlicher Bedrohung
Komm'n meine Worte zu dir hin.

Du, Gott, ich sah die Erde beben
Und der Vulkane Feuersturm,
Musst Blitz und Donner auch erleben,
Zu Boden stürzte mancher Turm.

Du, Gott, nimmst fest in Lebensstürmen
In Ruh und sicher meine Hand.
Mit dir kann Mauern ich bestürmen.
Du gibst mir Kraft am Felsenrand.

Du, Gott, gibst Schutz und sich're Stärke.
Mit dir find ich das gute Ziel.
Den Kampf bestehen meine Werke.
Die ganze Welt folgt deinem Spiel.

Du, Gott, ich bin bei dir geborgen,
führst meine Hand in Kampf und Streit.
Durch deine Macht vergeh'n die Sorgen.
Der Sieg ist deiner, erdenweit.

# „Und das habt zum Zeichen…“ – Lukas 2,1-20

***Heiligabend 2010***

<u>*Lesung:*</u>

*[1]Es begab sich aber zu der Zeit, dass ein Gebot von dem Kaiser Augustus ausging, dass alle Welt
geschätzt würde. [2]Und diese Schätzung war die allererste und geschah zur Zeit, da Quirinius Statt-
halter in Syrien war. [3]Und jedermann ging, dass er sich schätzen ließe, ein jeder in seine Stadt. [4]Da
machte sich auf auch Josef aus Galiläa, aus der Stadt Nazareth, in das jüdische Land zur Stadt Davids, die da heißt Bethlehem, weil er aus dem Hause und Geschlechte Davids war, [5]damit er sich
schätzen ließe mit Maria, seinem vertrauten Weibe; die war schwanger. [6]Und als sie dort waren,
kam die Zeit, dass sie gebären sollte. [7]Und sie gebar ihren ersten Sohn und wickelte ihn in Windeln
und legte ihn in eine Krippe; denn sie hatten sonst keinen Raum in der Herberge. [8]Und es waren
Hirten in derselben Gegend auf dem Felde bei den Hürden, die hüteten des Nachts ihre Herde.
[9]Und der Engel des Herrn trat zu ihnen, und die Klarheit des Herrn leuchtete um sie; und sie fürch-
teten sich sehr. [10]Und der Engel sprach zu ihnen: Fürchtet euch nicht! Siehe, ich verkündige euch
große Freude, die allem Volk widerfahren wird; [11]denn euch ist heute der Heiland geboren, welcher
ist Christus, der Herr, in der Stadt Davids. [12]Und das habt zum Zeichen: Ihr werdet finden das Kind
in Windeln gewickelt und in einer Krippe liegen. [13]Und alsbald war da bei dem Engel die Menge
der himmlischen Heerscharen, die lobten Gott und sprachen: [14]Ehre sei Gott in der Höhe und Friede auf Erden bei den Menschen seines Wohlgefallens. [15]Und als die Engel von ihnen gen Himmel
fuhren, sprachen die Hirten untereinander: Lasst uns nun gehen nach Bethlehem und die Geschichte sehen, die da geschehen ist, die uns der Herr kundgetan hat. [16]Und sie kamen eilend und fanden
beide, Maria und Josef, dazu das Kind in der Krippe liegen. [17]Als sie es aber gesehen hatten, breite-
ten sie das Wort aus, das zu ihnen von diesem Kinde gesagt war. [18]Und alle, vor die es kam, wun-
derten sich über das, was ihnen die Hirten gesagt hatten. [19]Maria aber behielt alle diese Worte und
bewegte sie in ihrem Herzen. [20]Und die Hirten kehrten wieder um, priesen und lobten Gott für alles,
was sie gehört und gesehen hatten, wie denn zu ihnen gesagt war. (Luther-Bibel 1984)*

„Und das habt zum Zeichen…“

Vor einigen Jahren habe ich regelmäßig in einem Krankenhaus die Geburtshilfestation besucht. Ich schildere einmal, wie so ein Besuch abläuft: Ich betrete das Krankenzimmer und finde eine oder mehrere Frauen, die ein Neugeborenes stillen oder im Bettchen neben sich liegen haben. Das Gespräch entwickelt sich meist schnell und unproblematisch. Ich bekomme ein wenig Einblick in das Leben der Mutter und ihrer Familie. Ich erfahre den Namen des Kindes und finde ihn spontan schön und passend. Manchmal kommen die Frauen auch von sich aus auf die Taufe zu sprechen, und ich berate sie dahingehend. Wenn nicht, spreche ich das Thema zum Schluss selbst noch an und verabschiede mich mit einem Segensgruß.

Die Szene, die uns die Weihnachtsgeschichte erzählt, ist so ähnlich und doch im besonderen Maß anders als der Ablauf der Besuche auf der Geburtshilfestation. *„Und das habt zum Zeichen: Ihr werdet finden das Kind in Windeln gewickelt und in einer Krippe liegen.“* Wofür dieses Zeichen steht, erzähle ich später. Die Frage, die mich zuerst bewegt, ist die, was die Hirtinnen und Hirten in Bethlehem zu sehen bekommen und wonach sie suchen sollen. Ganz ähnlich wie bei meinem Besuch auf der Geburtshilfestation suchen sie die Mutter und ein neugeborenes Kind, das in Windeln gewickelt ist. Sie kommen also, um zur Geburt des Kindes zu gratulieren. Sie erfahren dort, dass das Kind „Jesus“ heißt, womit die Eltern an Josua erinnern, der Israel in die Freiheit, in das gelobte Land führte nach vierzigjähriger Wanderung durch die Wüste. Der Name Jesus wird hebräisch Jehoschua ausgesprochen und bedeutet: „Gott rettet“. Der Name ist also Programm. Kein Wunder, dass dieser Name im damaligen Palästina recht weit verbreitet war, wünschten sich doch viele, Gott möge Israel aus der Hand der Besatzer retten.

*„Und das habt zum Zeichen: Ihr werdet finden das Kind in Windeln gewickelt und in einer Krippe liegen.“* Ja, darum geht es also vor allem, um die Krippe. Alles andere ist normal für eine Geburt: Mutter, Baby, Name und die Windeln. Aber, dass ein Baby in einer Futterkrippe liegt, das ist anders als sonst, das ist nicht normal. Das Kind in der Krippe ist also das Zeichen. Doch wofür steht dieses Zeichen? Was hat das Zeichen für eine Bedeutung? Zunächst einmal ist die Krippe das Zeichen dafür, dass die Botschaft des Engels an die Hirten eingetreten ist. Es werden nicht viele neugeborene Babys in dieser einen Nacht in Bethlehem geboren worden sein, in Bethlehem, der Stadt Davids, des Königs Israels. Die Krippe ist also das Zeichen dafür, dass die Hirten finden, wonach sie suchen, dass sie also genau das Kind finden, von dem der Engel gesprochen hat, dass sie es aufsuchen sollen.

Wir erinnern uns: Maria und Josef haben im Stall Platz gefunden, weil sie in Bethlehem keine Unterkunft gefunden hatten. Keine Unterkunft für eine hochschwangere Frau, keine Wiege für einen neugeborenen Retter namens Jesus, auf den das Volk wartet und der von Gott selbst gesandt worden ist. Diesen Leuten dort sollen sie erzählen, was die Botschaft des Engels von diesem Kind sagt. Ohne das Zeichen wäre die Botschaft noch unpersönlich und beliebig. Viele Retter hatte das Volk Israel ja auch schon erlebt. Die meisten von ihnen haben Krieg geführt und ihn verloren.

Botschaft und Zeichen führen die Hirten zu dem Kind in der Krippe, und auf diesem Weg findet die Botschaft ihre Gemeinde. Maria wusste es bereits, aber Josef erfährt es in dieser Geschichte zuerst von den Hirten. Dieses Kind ist der neugeborene Retter, der allem Volk zugutekommt. Die Botschaft ist die Rettung, die allem Volk widerfahren wird. Die Krippe ist dafür das Erkennungszeichen.

Für viele, denen diese Geschichte immer wieder erzählt worden ist, wird dieses Zeichen damit zum Symbol. Ein Symbol ist mehr als ein Erkennungszeichen, ein Symbol ist das Bild der Botschaft, die Botschaft in bildhafter Gestalt. Die Krippe tritt damit an die Seite des Kreuzes, dem Zeichen des Evangeliums von Jesus Christus überhaupt. Was zunächst innerhalb der Geschichte nur für die Hirten galt, kann nun auch von anderen, die die Geschichte erzählen, nachvollzogen werden. Erst finden die Eltern des Kindes keinen Platz in einer Herberge, keine Unterkunft, das ist deprimierend. Die Erzählung wird damit zunächst gefühlskalt und dunkel. Die Volkszählung auf Befehl des Imperators war wahrscheinlich auch kein sehr erfreulicher Anlass und zeigte die Macht der fremden Besatzer. Wer zweimal Steuern bezahlt, dem bleibt nicht viel zum Leben. Doch in der Geschichte wird es nun hell bei den Hirten: Das Licht mitten in der Nacht, mitten in der Dunkelheit. Die Hirten empfangen die Botschaft und hören den Lobgesang, und dann gehen sie dorthin, wo es dunkel war und bringen das Licht der Botschaft dorthin. Nicht das Lachen des Babys, nicht sein unsichtbarer Heiligenschein, sondern die Mitteilung der Hirten bringt das Licht in den Stall:

*„Stille Nacht! Heilige Nacht!*
*Hirten erst kundgemacht*
*Durch der Engel Alleluja,*
*Tönt es laut bei Ferne und Nah:*
*Jesus der Retter ist da!*
*Jesus der Retter ist da!“*

*(Ursprünglich die letzte und sechste Strophe des Lieds „Stille Nacht“ von Josef Gruber.)*

Die Freude über das neue Leben und die Freude über den Segenswunsch verbinden sich und wachsen zum Glauben zusammen. Maria hat all dies behalten und in ihrem Herzen bewegt. Das zeigt uns doch klar, dass nach der Meinung der Erzähler Maria es ist, die diese Ereignisse von der Geburt ihres Kindes „Jesus“ weitererzählt hat.

*„Und das habt zum Zeichen: Ihr werdet finden das Kind in Windeln gewickelt und in einer Krippe liegen.“* Ich denke, dass uns diese Geschichte heute nicht nur an die Botschaft von Gottes Rettung erinnert, sondern auch daran, dass uns oft der Glaube daran fehlt oder nicht klar genug ist. Folgen wir der Logik der Weihnachtsgeschichte, dann ist es das Problem, dass wir wie die Hirten sind, die die Botschaft empfangen haben, die in Bethlehem das Neugeborene suchen und vielleicht zunächst das Zeichen, das ihnen angesagt worden ist, nicht erkennen oder nicht finden. Unsere rationale, ökonomische und aufgeklärte Welt hat uns die Zeichen der Gegenwart Gottes weggenommen. Wo kommt Gott heute zur Welt? An welchen Zeichen werden wir ihn erkennen?

Doch das haben wir jetzt schon von der Botschaft des Zeichens in Bethlehem verstanden:

- Gott wird Mensch, und die Gegend, in der wir ihn suchen müssen, ist die Gegenwart unserer Welt, die Welt, in der wir leben, die Welt der Menschheit.

- Das Zeichen der Gegenwart Gottes ist auch von uns von der Krippe her zu deuten: Kein Symbol des Reichtums oder weltlicher Macht ist der Ort der Gegenwart Gottes, sondern die Fremde, die keinen Ort für die Geburt des Retters hat, als den Stall und die Futterkrippe, in die er gelegt wird. Welche Orte und Zeichen dieses heute sind, lässt sich leicht erahnen: Es sind die Tafeln, Suppenküchen, Waisenhäuser, Obdachlosenhilfen, Straßenkinderprojekte und Flüchtlingslager.

- Doch so leicht das wäre und so nötig es auch ist: Das Zeichen ist nicht allein eine soziale Botschaft. Hier geht es um die Bewegung Gottes zu uns hin. Gott kommt zu uns, Gott macht sich klein, Gott wird Mensch und verzichtet auf Allmacht und Herrschaft. Gottes Sohn ist Christus, als Baby, als Säugling angewiesen auf Hilfe und Schutz. Gott braucht uns, wie er die Hirten gebraucht hat. Das Licht der Nähe Gottes kommt nicht aus dem Jenseits, sondern aus konkreten Zeichen der Zuwendung und der menschlichen Nähe.

„Und das habt zum Zeichen...“

Die Botschaft gibt es nicht ohne Zeichen! Unsere Worte können zu Gottes Worten werden. Gott spricht durch Menschen, wie wir es sind. Das ist die erste gute Nachricht, das Evangelium. Die Botschaft liegt bei uns. Machen wir uns auf den Weg, das Licht Gottes in die Welt zu tragen, das in der Heiligen Nacht den Hirten auf dem Feld bei Bethlehem erschienen ist.

Amen.

# Friedens - Vertrag. Nach Psalm 85.

Du, Gott, hast doch in alten Zeiten,
In unserm Land dafür gesorgt,
Für Mensch und Tiere zu bereiten,
Den Wohlstand, den du hast besorgt.

Du, Gott, es gab dort Ruh‘ und Frieden,
Für jeden Ort in diesem Land,
Für alle Menschen, die zufrieden
Sich zu der eig´nen Schuld bekannt.

Du, Gott, hilf heut´ den Krieg beenden,
Der immer noch lässt fließen Blut,
Und nimm aus den brutalen Händen
Die Waffen und damit die Wut.

Du, Gott, willst für den Frieden sorgen,
Der Wohlstand auf der Erde schafft,
Dein Geist wird heute noch und morgen
Zerbrechen die Gefangenschaft.

Du, Gott, hast du es auch gesehen,
Dass sie geliebt mit einem Kuss.
Der Friede wird erneut entstehen,
Was auch das Recht verstehen muss.

Du, Gott, bringst Treu und Güt‘ zusammen.
Das Land gibt wieder den Ertrag.
Die Menschheit hält zu deinem Namen.
Mit dir sie schließt jetzt den Vertrag.

# Der Frieden ist der Sieg. Nach Psalm 2.

Du, Gott, es ist zumeist nicht zu verstehen,
Dass viele Völker steh'n im Krieg.
Von ihrer Seite wirst du gehen,
Denn nur der Frieden ist der Sieg.

Du, Gott, machst mich zu deinem Kind und Erben,
Ein Wächter deiner Welt zu sein.
Kein Mensch soll mehr durch Waffen sterben,
Das Wort regiert jetzt ganz allein.

# Gott ist kein Gebetsautomat - Lukas 11,5-13

***Sonntag Rogate 2011***

Das Thema dieses Gottesdienstes am Sonntag „Rogate“ ist das Beten und das Gebet. Oft steht das „Vater Unser“-Gebet im Mittelpunkt. Das Gebet ist die heimliche Stütze der christlichen Religion. Dennoch muss man sich heute fragen, wie eigentlich in der modernen Gesellschaft gebetet werden soll. Dazu ist es doch gut, dass es Gottesdienste gibt, egal wie gut oder schlecht sie besucht sind. Das Glockenläuten zeigt jedem, der es auch von fern hört, an: Hier wird gebetet, auch wenn er oder sie nicht dabei ist. Vielleicht ist nicht jedem zum Gebet zumute. Vielleicht ist vielen das Gebet fremd geworden. Das merke ich immer daran, dass bei Beerdigungen das „Vater Unser“ kaum noch laut mitgesprochen wird. Dennoch weiß ich auch aus der Seelsorge gerade am Krankenbett, dass viele Menschen dann beten, wenn sie am Ende und an ihren Grenzen sind. Menschen, von denen man das normalerweise gar nicht gedacht hätte, sogar die, die ausdrücklich sagen, dass sie nicht in der Kirche sind oder obwohl sie Kirchenmitglied sind, nicht viel Kontakt zur Kirche haben.

So kommt auch unser Beten an unsre Grenzen. Gott als unsichtbare Macht ist kein Gebetsautomat. Ja, ich frage mich sogar manchmal, um was wir eigentlich vernünftigerweise beten sollten. Können wir wirklich für ganz normale Dinge beten, also für gutes Wetter oder Gesundheit, für Erfolg bei der Arbeit oder in der Schule? Oder sollten wir nicht besser für unsere Seele beten, dafür, dass wir unser Leiden aushalten, dafür, dass wir gute Gedanken finden, dafür, dass wir lernen, mit anderen Menschen ohne Streit auszukommen, auch dafür, dass wir mehr Kraft bekommen, um nicht nur an uns selbst zu denken? Es mag sein, dass ich mit der nun folgenden Predigt ganz anders und neu denke. Aber manchmal denke ich dabei auch, dass es gar nicht so weit weg ist von dem, was zum Beispiel Paulus die Vergebung der Sünden nennt. Die Sünden machen unser Leben schwer. Das ist doch ein großes Problem. Und das können wir selbst kaum ändern. Dennoch liegt es an uns selbst. Was könnte hier ein Gebet bewirken? So heißt eine Bitte im „Vater Unser“: *„Vergib uns unsere Schuld, wie auch wir vergeben unseren Schuldigern“*. Wie also können wir Vergebung lernen, um sie dann selbst zu erfahren? Wir sehen, dass Jesus da schon ziemlich einfach eingestellt war. Vergebung fällt eben nicht einfach als billige Gnade vom Himmel, sondern will auch ein Stück erarbeitet werden.

Also ist das christliche Gebet wirklich kein Gebetsautomat. Das macht unser Predigttext deutlich, den wir allerdings einmal genau lesen sollten. Dieser Bibeltext folgt im Lukasevangelium direkt auf das „Vater Unser". Die Leser sind also auf das Gebet und seine Inhalte eingestellt. Und doch ist es wie immer im Evangelium, dass die Stücke der Überlieferung auch recht eigenständig sind und auch in sich selbst verstanden werden müssen. Daher möchte ich sie vorab bitten, diese Worte einmal unvoreingenommen zu hören, so wie sie ausgesprochen werden und sie nicht sofort als Antwort auf die Frage nach dem Gebet zu sehen. Was das bedeutet, werde ich nach der Lesung näher erläutern.

<u>*Lesung:*</u>

*Lukas 11, 5-13:*

*5 Und er sprach zu ihnen: Wenn jemand unter euch einen Freund hat und ginge zu ihm um*
*Mitternacht und spräche zu ihm: Lieber Freund, leih mir drei Brote; 6 denn mein Freund ist*
*zu mir gekommen auf der Reise, und ich habe nichts, was ich ihm vorsetzen kann, 7 und der*
*drinnen würde antworten und sprechen: Mach mir keine Unruhe! Die Tür ist schon zuge-*
*schlossen und meine Kinder und ich liegen schon zu Bett; ich kann nicht aufstehen und dir*
*etwas geben. 8 Ich sage euch: Und wenn er schon nicht aufsteht und ihm etwas gibt, weil er*
*sein Freund ist, dann wird er doch wegen seines unverschämten Drängens aufstehen und*
*ihm geben, so viel er bedarf.*

*9 Und ich sage euch auch: Bittet, so wird euch gegeben; suchet, so werdet ihr finden; klopfet*
*an, so wird euch aufgetan. 10 Denn wer da bittet, der empfängt; und wer da sucht, der findet;*
*und wer da anklopft, dem wird aufgetan.*

*11 Wo ist unter euch ein Vater, der seinem Sohn, wenn der ihn um einen Fisch bittet, eine*
*Schlange für den Fisch biete? 12 Oder der ihm, wenn er um ein Ei bittet, einen Skorpion da-*
*für biete? 13 Wenn nun ihr, die ihr böse seid, euren Kindern gute Gaben geben könnt, wie*
*viel mehr wird der Vater im Himmel den Heiligen Geist geben denen, die ihn bitten! (Lu-*
*ther-Bibel 1984)*

Nachdem wir jetzt diesen Text gehört haben, sind wir wahrscheinlich einigermaßen verblüfft. Alles, was ich bisher gesagt habe, scheint durch diese Worte widerlegt. *„Bittet, so wird euch gegeben..."* So heißt es hier klar und deutlich. Um dies noch einmal zu unterstreichen, sagt der folgende Spruch auch noch: *„Denn wer da bittet, der empfängt..."*. Auf das Gebet bezogen, kann das ja nur bedeuten: Es gibt keine Bitte, die wir Gott gegenüber nicht aussprechen könnten. Gott ist allmächtig, und Jesus zeigt uns das, indem er Blinde heilt, Tote auferweckt und indem er auf dem Wasser geht. Wollen wir solche Bitten nicht aussprechen, dann fehlt uns wohl der entsprechende Glaube. Eine andere Frage ist selbstverständlich, auch wenn es ketzerisch klingt: Warum funktioniert es dann aber nicht? Sicherlich gibt es Beispiele für wunderhafte Heilungen. Aber wenn wir ehrlich sind, dann müssen wir uns auch den Gedanken erlauben, dass etliche Menschen an ihren Krankheiten gestorben sind, obwohl sie gebetet haben. Dieser Art von Gebetsverständnis widerspricht unsere normale, nicht erst die moderne Lebenserfahrung. Unsere nicht sehr religiösen Mitbürgerinnen, ja sogar viele Christen, wollen von solchen Ansprüchen an das Gebet, wie ich meine, zu Recht nichts wissen. Warum man diesen Bibeltext ganz anders lesen kann, möchte ich ihnen und uns daher jetzt einmal zeigen.

Wenn wir das gehört haben, müssen wir erkennen, dass bei einem eben skizzierten Verständnis ein Gebetsautomat herauskommt, der erstens gar nicht funktioniert und der zweitens auch hier gar nicht gemeint ist. Was wir dabei machen, ist nämlich einfach eine bestimmte Vorstellung eines möglichen potenten und allmächtigen Wesens hineinzulesen, anstelle diesen Text auszulegen. Und so möchte ich einfach noch einmal die einzelnen Abschnitte dieses Textes nacheinander lesen und nicht in einem Zug. Es werden sich überraschende Beobachtungen einstellen.

*5 Und er sprach zu ihnen: Wenn jemand unter euch einen Freund hat und ginge zu ihm um Mitternacht und spräche zu ihm: Lieber Freund, leih mir drei Brote; 6 denn mein Freund ist zu mir gekommen auf der Reise, und ich habe nichts, was ich ihm vorsetzen kann, und der drinnen würde antworten und sprechen: Mach mir keine Unruhe! Die Tür ist schon zugeschlossen und meine Kinder und ich liegen schon zu Bett; ich kann nicht aufstehen und dir etwas geben. 8 Ich sage euch: Und wenn er schon nicht aufsteht und ihm etwas gibt, weil er sein Freund ist, dann wird er doch wegen seines unverschämten Drängens aufstehen und ihm geben, so viel er bedarf.*

Niemand würde mir widersprechen, wenn ich feststelle, dass Jesus hier eine Alltagssituation beschreibt. Es geht darum, etwas von einem Nachbarn zu borgen. Unangemeldet ist Besuch gekommen, und wir helfen uns, indem wir ein paar Waffeln backen wollen. Milch ist da, Butter und Mehl auch, im Keller sogar ein Glas Kirschen und in der Kühltruhe eine Packung Vanilleeis. Was fehlt, sind Eier. Da ist guter Rat teuer. Da hilft nur die Idee: Lauf doch mal zum Nachbarn und frag nach, ob er uns ein paar Eier borgen kann. Und die Nachbarin hat sogar noch welche und gibt sie uns. Jesus steigert diese Situation nur noch ins Unmögliche, ja Phantastische. Aschewolke über Island, der Flieger ist aufgefallen. Spät am Abend, kurz vor Mitternacht steht der Freund auf der Matte, und jetzt muss er erst mal etwas zu essen haben. Drei kleine Fladenbrote würden reichen. Das ist keine große Bitte, nur die Umstände sind unmöglich. Um diese Zeit stört man selbst den Nachbarn nicht mehr. Es geht nicht um das Brot, das ist da. Aber die Kinder sind schon im Bett, die Eltern schon im Schlafanzug. Und der Fragende lässt nicht locker. Er bittet, und er drängt, er macht es ganz wichtig. Langsam öffnet sich die Tür ein Spalt, und das Brot wird herausgereicht. Heute kann man sich ja mit dem Telefon helfen, und vorher anrufen - sicherheitshalber.

Diese kleine Geschichte steht im Raum. Doch geht es um das Gebet? Kein Wort davon. Auch die Einleitung enthält keinen Hinweis. Was könnte uns denn Aufschluss geben, worum es zuerst in diesem Text geht? Auffällig ist der Begriff „Freund“. Er wird in zweierlei Hinsicht gebraucht. Der plötzliche, unangekündigte Besuch kommt von einem Freund, und der Nachbar, der die drei Brote hat, wird ebenfalls als Freund bezeichnet. Da kommt ein Freund kurz vor Mitternacht und bittet darum, übernachten zu dürfen. Kein Problem, selbstverständlich. Schnell das Gästebett raufgeholt. Eine Flasche Bier ist auch noch da, nur das Brot ist alle. Und die kleine Abendmahlzeit, das Willkommen, das ist ein Zeichen der Freundschaft. Nur ist eben kein Brot mehr da. Gut, wenn der Nachbar auch ein Freund ist. Auch für ihn kommt es ungelegen. Aber er rückt zu später Stunde nach unverschämten Drängen die drei Brote heraus. Was ist also das Thema dieses Textes, Bitten und Geben oder das Gebet? Nein! Das Thema ist Freundschaft. Verschiedene Arten von Freunden werden beschrieben, die sich aufeinander verlassen können. Jesus stellt uns Menschen vor Augen, und wie sich ihr Verhältnis zueinander ändert, wenn sie Nächstenliebe praktizieren, wenn sie jeden Menschen so behandeln und auch ansehen, als sei er ein Freund, eine Freundin. Die Beziehung wird durch Freundschaft geprägt. Alle Menschen sind Kinder Gottes, also können sie einander als Freunde begegnen.

Dazu der folgende Abschnitt: „*Und ich sage euch auch: Bittet, so wird euch gegeben; suchet, so werdet ihr finden; klopfet an, so wird euch aufgetan.*" Ist hier von Gebetsautomatik die Rede? Überhaupt nicht! Weder das Wort „Gott", noch etwas in die Richtung auf Gebet werden hier genannt: Bitten und Geben, Suchen und Finden, Anklopfen und Öffnen - das wird im Aussagesatz wiederholt: „*Denn wer da bittet, der empfängt; und wer da sucht, der findet; und wer da anklopft, dem wird aufgetan.*"

Zum eben beschriebenen Problem des überraschenden Abendbesuchs passt dieser Spruch allerdings ganz gut: Der späte Gast kommt und klopft an, ihm wird geöffnet. Der Gastgeber hat nun ein Problem. Er sucht etwas zu essen und findet es beim Nachbarn. Der Schlüssel dafür ist das berühmte Zauberwort: „Bitte!" - Wer bittet, der empfängt.

Sicherlich schildert Jesus so etwas wie einen Idealzustand. Aber in einer Gemeinde soll es so etwas geben. Alle Menschen sind füreinander Freunde und unterstützen sich gegenseitig. Der Spruch passt zur vorangegangenen Szene vom unvorhergesehen Besuch, nur zum Gebet sagt er nichts. Ich bin übrigens froh, endlich den Schlüssel für diesen Vers gefunden zu haben, denn schon früher habe ich mich daran gestört, dass nur das erste Wortpaar vom „Bitten" und „Empfangen" scheinbar auf das Beten passt, aber weder das „Suchen" noch das „Anklopfen".

Wenn wir also eine Antwort auf die Frage nach dem Gebet suchen, dann nicht in dieser Formel. Vielleicht in der Freundschaft, in dem Verständnis von Liebe, das hier mitgedacht ist. Doch das sehen wir erst, wenn wir den Schluss des Textes hören:

*[11]Wo ist unter euch ein Vater, der seinem Sohn, wenn der ihn um einen Fisch bittet, eine Schlange für den Fisch biete? [12]Oder der ihm, wenn er um ein Ei bittet, einen Skorpion dafür biete? [13]Wenn nun ihr, die ihr böse seid, euren Kindern gute Gaben geben könnt, wie viel mehr wird der Vater im Himmel den Heiligen Geist geben denen, die ihn bitten!*

Wir sehen, dass das Motiv des Bittens wieder auftaucht, aber in einer anderen Wendung. Es ist keine Bestätigung des gerade zitierten Spruches, sondern es geht darum, dass der Vater seinem Sohn keine falsche Gabe überreicht. Er macht aus einem Fisch keine Schlange und aus einem Ei keinen Skorpion. Schon: *„Wer bittet, der empfängt"*, aber eben der Beziehung gemäß: Die Beziehung prägt die Gabe. Und so, wie es bei der Beziehung von Eltern zum Kind ist, so ist es auch in der Beziehung der glaubenden Menschen zu Gott. Sie bekommen auf ihre Bitte hin nichts Falsches. Auf die Religion angewandt, könnte dies eine Scheinlösung sein, etwa auf die Frage des nichterhörten Gebets. Gott ist natürlich so frei, selbst zu entscheiden, was für uns gut oder schlecht ist. Das, was schlecht ist, gibt er uns dann wohl nicht. Besser gar nichts. Doch so richtig überzeugend ist dieses Gottesbild für moderne Zeitgenossen nicht.

Lässt uns der Text dann ratlos? Keinesfalls. Hier ist die Antwort *„(...)Wie viel mehr wird der Vater im Himmel den Heiligen Geist geben denen, die ihn bitten!"*

Gott kann uns in den Augen Jesu etwas geben, dass wir von niemandem sonst bekommen können. Gott kann uns den Heiligen Geist geben. Wer Gott als Gebetsautomat für Dinge benutzt, für die er besser einen Freund, Nachbarn oder Eltern hätte, hat die Rolle des Gebets falsch verstanden. Es geht beim Gebet immer um die Beziehung. Gott kann uns das geben, was er hat, den Heiligen Geist. Der Freund kann uns die drei Brote geben, und der Vater kann seinem Sohn ein Ei geben. Gott dagegen gibt den Heiligen Geist.

Die Bitte um den Heiligen Geist ist also das Gebet, von dem Jesus hier spricht. Wir können von ihm den Heiligen Geist bekommen! Der wandelt unsere Beziehungen in Freundschaft durch Nächstenliebe und durch Feindesliebe. Und so können auch Bitten um das tägliche Brot etwa oder Bitte um Entschuldigung Gebete an Gott sein, doch Gott erfüllt unsere Bitten durch die Gabe des Heiligen Geistes.

Das ist verwunderlich und tröstlich zugleich. Angedeutet wird hier ja: Wir sind Gottes Kinder, auch wenn wir *„böse"* sind. Das heißt ja, auch wenn wir uns gegen ihn gestellt haben, wenn wir ihm und anderen gegenüber unfreundlich waren: Gott gibt uns den Heiligen Geist! Der Heilige Geist ist die Antwort auf unsere Gebete. In ihm liegt alles verborgen, was Antwort auf unsere Gebete sein kann: Trost, Vergebung, Annahme, Zusage des ewigen Lebens, ja zuletzt Auferstehung.

Gott gibt uns den Heiligen Geist und macht uns durch Jesus untereinander zu Freundinnen und Freunden, schenkt uns Freundschaft. Mehr können wir nicht erwarten. Und mehr wollen wir auch nicht.

Amen.

# Von Ewigkeit und Vergänglichkeit. Nach Psalm 90.

Du, Gott, ganz lange bist du schon am Leben,
Noch älter als so mancher Haifischzahn.
Du bist auch da, wo die Gebirge wachsend beben,
Und wo versengt im Wind der grüne Löwenzahn.

Du, Gott, wie lange zieh'n schon tausend Jahre,
Die vor dir kürzer sind als jeder Tag?
Die Menschen wachsen nach wie unsre langen Haare,
Und wenn sie sterben, klingt ein lauter Glockenschlag.

Du, Gott, wie schnell vergehen unsre Tage?
Das Leben ist kaum achtzig Jahre lang.
Und wenn ich auch darin so manche Lasten trage,
So dank ich dir für jeden Sonnenuntergang.

Du, Gott, ich weiß auch, dass wir sterben müssen,
Und doch ist jeder Tag ein Hauptgewinn.
Ich kenn die Freuden und will alle Freunde küssen,
Mit denen ich hier teile meines Lebens Sinn.

# In Jesus ist Gott menschlich sichtbar - Johannes 9,35-41

***17. Sonntag nach Trinitatis 2007***

<u>Lesung:</u>

*35 Es kam vor Jesus, dass sie ihn ausgestoßen hatten. Und als er ihn fand, fragte er: Glaubst du an den Menschensohn? 36 Er antwortete und sprach: Herr, wer ist's? dass ich an ihn glaube. 37 Jesus sprach zu ihm: Du hast ihn gesehen, und der mit dir redet, der ist's. 38 Er aber sprach: Herr, ich glaube, und betete ihn an. 39 Und Jesus sprach: Ich bin zum Gericht in diese Welt gekommen, damit, die nicht sehen, sehend werden, und die sehen, blind werden. 40 Das hörten einige der Pharisäer, die bei ihm waren, und fragten ihn: Sind wir denn auch blind? 41 Jesus sprach zu ihnen: Wärt ihr blind, so hättet ihr keine Sünde; weil ihr aber sagt: Wir sind sehend, bleibt eure Sünde. (Luther-Bibel 1984)*

Liebe Gemeinde,

zunächst haben wir es sicher nicht leicht, uns auf diesen Text zu konzentrieren. Wir spüren sofort, dass er uns einiges vorenthält, einiges, das uns dann wohl aus der vorangegangenen Geschichte bekannt sein müsste. Und daraus folgt für mich als Prediger die Frage: Bin ich hier an einer exponierten Stelle, weiß ich mehr als sie, die Hörer? Natürlich habe ich mich in der Vorbereitung mit diesem Text beschäftigt und den erzählerischen Zusammenhang gelesen. Doch das würde andererseits nun auch zu weit führen, wenn ich erst versuchen müsste, den umliegenden Text auch noch zu erzählen. Stattdessen möchte ich mich jetzt einfach auf die Worte und Sätze konzentrieren, die wir gehört haben, so fragmentarisch sie auch klingen mögen.

In diesem Text sind einige Reizworte enthalten, die uns auch in unserer Situation aufhorchen lassen:

Wer ist von wem ausgestoßen worden? Was bedeutet, es von Menschen zu sagen, dass sie zu den Ausgestoßenen gehören?

Was bedeutet die Frage *„Glaubst du an den Menschensohn?"* Müssen wir die hintergründige Bedeutung dieses Wortes kennen, oder können wir hier die wörtliche Bedeutung annehmen?

Und: Was heißt: *„Ich bin zum Gericht in diese Welt gekommen“?* Das ist auch eine schwierige Aussage, denn wir sehen Jesus nicht zuerst als jemanden, der zum Gericht in diese Welt gekommen ist. Doch wenn man diesen Satz genau versteht, könnte sich genau das Gegenteil von dem ergeben, was hier zuerst gesagt ist.

Wie kommt es, dass ein Mensch ausgestoßen wird, wie kommt es, dass Menschen mit ihm nichts zu tun haben wollen? Wir haben etwas von einem Blinden gehört. Soll er dafür, dass er blind war, auch noch bestraft werden, und wie gestaltet sich dieser Zusammenhang? Das ist das einzige, was uns aus der umliegenden Geschichte einfach bekannt sein muss, dass dieser Blinde durch Jesus geheilt worden ist. Und dies wird ihm nun vorgeworfen, weil er damit Jesus als seinen persönlichen Heilsbringer anerkennen muss. Der Blinde wird sich gefragt haben: Wer ist dieser Mensch für mich? Was macht Jesus mit mir? Doch von einer Bekehrungsgeschichte kann zuerst noch nicht die Rede sein. Als er noch blind war, gehört er noch dazu. Er konnte nicht lesen, nicht schreiben, aber irgendwie braucht die Gesellschaft diese Menschen. Als er dagegen geheilt wurde, wurde er ausgestoßen, denn er hatte erzählt, von Jesus geheilt worden zu sein. Die Person Jesu kommt nun in den Mittelpunkt der Geschichte, weil der Geheilte eben dies weiterverbreitet hat, dass er durch Jesus geheilt worden ist.

Und darum scheint es diesem Text nun besonders zu gehen. Und hierin steckt wohl auch das Thema dieses Textes. Es ist aber zugleich ein Thema, dass sich in diesem Johannesevangelium an vielen Stellen findet, und man müsste sogar sagen, dass es wohl das heimliche Thema des ganzen Evangeliums ist: Jesus ist Gottes Sohn und durch ihn gibt sich Gott und Menschen zu erkennen. Er ist der Erlöser und zeigt uns die Bedeutung Gottes. Gott ist kein Rätsel, sondern Gott ist die Macht, die sich in Jesus zu erkennen gibt.

Und also könnte man meinen, dass in der Bibel auch schon vorher gesagt worden ist, wer und was Gott ist und dass man ihn erkennen kann und mit ihm in Kontakt treten im Gebet. Aber andererseits hat sich an den Worten der Bibel und über ihre Bedeutung immer wieder eine Auseinandersetzung entfacht, so dass es gerade in der Auslegung und der Auseinandersetzung darüber viel Anlass für Ärger und Streit und Missverständnisse gab und gibt. Jesus macht insofern Schluss mit diesen Auslegungsstreitigkeiten, als dass er sich selbst zur Verfügung stellt und sagt: In mir als Mensch könnt ihr Gott erkennen. Es kommt nicht mehr auf das Lesen das Hören und das Wissen an, sondern darauf, dass man seinen Augen traut. Sehen ist mehr im übertragenen Sinn gemeint, also ein Sehen in der Phantasie und in den Bildern, die die Texte der Bibel in uns erzeugen. Das Verständnis Gottes in Jesus ist also mehr als nur ein Verständnis des Lesens und des Verstehens, sondern ein Erkennen. In Jesus kommt Gott uns nah in menschlichen Gesten.

Dazu habe ich einen Text von Don Helder Camara gefunden, der diesen religiösen Zusammenhang der Gesten ganz schön erklärt:

*„Es gibt Gesten, die uns die Augen öffnen, zum Nachdenken bringen und prägen. Einmal verließ ich früh morgens das Haus von Bekannten, bei denen ich die Nacht verbracht hatte. Es war noch dunkel (...) Ich sehe die Hausfrau noch vor mir, wie sie mit erhobenem Arm eine Lampe vor mir hertrug, um mich möglichst sicher bis an die Straße zu geleiten.*

*Gesten dieser Art sind ein ganzes Lebensprogramm, die Dunkelheit vertreiben, Licht verbreiten, den Weg weisen (...)*

*Auf und ab, hinaufsteigen und herunterkommen! Zwei Gesten, die uns enorm inspirieren können (...) Hinaufsteigen, ohne schwindlig zu werden, ohne sich größer oder besser zu dünken (...) herunterkommen. Es erinnert uns an den großen Abstieg, an das Kommen des Sohnes Gottes, der Mensch und unser Bruder werden wollte. Hinabsteigen, leichten und frohen Herzens, um näher bei den kleinen und einfachen Leuten zu sein.*

*Gibt es eine ausdrucksstärkere Geste als das Gehen? Es ist geradezu ein Lebensideal: voranschreiten im Verstehen und Unterwegs sein im Glauben, in der Hoffnung und in der Liebe."*

(aus: Don Helder Camara: Der Traum von einer anderen Welt, München 1987, S. 19f)

Don Helder Camara gelingt es, an einigen kleinen Beispielen zu zeigen, wie wichtig das Erkennen einiger Gesten für uns sein kann und wie viel diese mit unserem Glauben zu tun haben können. Und das ist nicht zufällig, denn es ist Jesus, der sich den kleinen Leuten anpasst und eine Religion verkündigt, die auch von Menschen nachvollzogen werden kann, die vielleicht sogar blind sind, im einfachen Sinn und auch im übertragenen Sinn. So auch in unserem Text. Die Zuwendung zum Blinden hat hier ganz klar eine Nebenbedeutung neben der Heilung, dass Jesus sich Menschen zuwendet, die von der menschlichen Gemeinschaft ausgeschlossen sind und auch immer wieder ausgestoßen werden. Und gerade in dieser Geste erkannte der Blinde Gott und erkannte in der Zuwendung durch Jesus, dass er von Gott nicht ausgestoßen worden ist, nur vielleicht von irgendwelchen Menschen, die sich anmaßten, im Namen Gottes reden zu wollen. Und so hat diese Geschichte auf klare Weise deutlich gemacht, dass das Wort der Bibel erst dann für uns wichtig ist, wenn wir hinter den Worten nicht nur eine Dogmatik oder eine Theologie entdecken, sondern menschliche Gesten, die uns das Leben lebbar machen. Und hinter diesen Gesten steckt Gott als der Ursprung des Lebens und als die Liebe, die unser Leben stark und letztlich auch ewig macht.

Dazu möchte ich nun drei Thesen erläutern, die eine ist plausibel, die andere rational verständlich, und die dritte enthält eine ethische Forderung. Die erste These ist: Jesus ist als Mensch sichtbar. Das liegt auf der Hand und kann nachgelesen werden. Die zweite These ist: Die Gegenwart Gottes wird uns in der der Wahrnehmung dessen vermittelt, und die Gegenwart Gottes in Jesus macht eine andere religiöse Sprache nötig. Die dritte These, die daraus folgt ist: Christus ist die Offenbarung, und die Bibel wird nun ausschließlich von seiner Bedeutung her gelesen. Es geht um das Sehen, das aus der Bedeutung Jesu hervorgeht.

Zunächst geht also um die Sichtbarkeit Jesu als Mensch. Zunächst mag man versucht sein, diese Aussage als Banalität abzutun, denn die Menschlichkeit Jesu ist nicht ungewöhnlich. Er ist insofern eine historische Gestalt. Und das wäre auch ziemlich unwichtig, wenn nicht gerade in seiner Menschlichkeit ein Schlüssel zu seiner eigentlichen Botschaft enthalten wäre. Dies macht das Johannesevangelium immer wieder in den Begegnungen Jesu deutlich. Jesus heilt Menschen, oder er redet mit Menschen und weist sie auf Gottes Kommen in die Welt hin und auf die Bedeutung des Erlösers. Und wenn sie dann nachfragen, dann weist er sie darauf hin, dass er dieser Erlöser ist. Dies ist ja auch in unserem Text ganz ähnlich erzählt worden:

*35b Und als er ihn fand, fragte er: Glaubst du an den Menschensohn? 36 Er antwortete und sprach: Herr, wer ist's, dass ich an ihn glaube? 37 Jesus sprach zu ihm: Du hast ihn gesehen, und der mit dir redet, der ist's.*

Das „Ich bin" kommt in den Worten Jesu in diesem Evangelium ja oft vor, und oft heißt es einfach nur: Ich bin es, von dem ihr sagt, es ist der Menschensohn, der Sohn Gottes. Die berühmteste Stelle ist der Dialog Jesu mit Pilatus, in dem Jesus dieses „Ich bin" noch einmal unterstreicht, worauf Pilatus ihn konsequent den „König der Juden" nennt.

Die menschliche Erscheinung *„Jesus"* ist das Bild Gottes, und das vollzieht sich auch im Sterben Jesu, das ein ganz menschliches Sterben ist. In der Menschlichkeit Jesu erkennen wir nun Gottes Bild, das ist die zweite These, die aus der ersten logisch folgt. Und in der Anschauung Gottes in dieser einen Person erfolgt eine Abwendung von der Bibel als den einzelnen überlieferten Worten und Begriffen, die man in der Auslegung gegeneinander ausspielen kann. Die Bibel ist nun streng genommen nicht mehr ein Buch mit einzelnen religiösen Vorschriften und Begriffen, die zu befolgen und zu glauben sind, sondern die Bibel ist das Buch, indem die Erscheinung Gottes in Jesus Christus bezeugt und erzählt wird. Das heißt ja nun nicht, dass die Bibel überflüssig geworden ist, im Gegenteil. Aber sie kann nicht mehr so gelesen werden, wie dies hier den Pharisäern unterstellt wird. Das bedeutet, dass die Religion, die von der jüdischen Verheißung her Jesus als den erschienenen Retter sieht, als den Menschensohn, eine andere Sprache benutzt. Jesus ist das Zentrum des Glaubens, und die Vorschriften des Glaubens sind überflüssig. Dies macht das Johannesevangelium immer dadurch deutlich, dass das Sabbatgebot durch Jesus aufgehoben wird.

Ein neues Denken macht eine neue Sprache nötig. Dazu ein interessantes Beispiel aus einem anderen Bereich. Als das neue Kreuzfahrtschiff „Norwegian Gem" kürzlich von Papenburg nach Eemshaven gebracht wurde, musste es die teilweise sehr enge Passage durch die Ems mit eigener Motorkraft und mit zwei Schleppern vorn und hinten durchführen. Manchmal war auf beiden Seiten zum Ufer oder zu einer Brücke nur zwei Meter Platz. Um besser manövrieren zu können, vollzog die Crew diese ganze Aktion im Rückwärtsgang. Der Bug lag nun hinten und hieß Spitz und das Heck lag vorn und hieß Stumpf. Da die rechte Seite nun nicht steuerbord heißen konnte, nannte man sie nach der Stadt Leer, die an dieser Seite lag. Kein gewöhnlicher seemännischer Begriff wurde benutzt, sondern die Schiffspassage wurde in einer eigenen Sprache vollzogen, damit es nicht in einer einzigen Sekunde zu Missverständnissen kommen konnte.

Dieses Beispiel können wir nun auch auf die Verkündigung Jesu im Johannesevangelium anwenden. Jesus ist der Menschensohn, der schon früher angekündigt worden ist. Dies macht eine ganz neue Sprache nötig, die dann bald als das christliche Bekenntnis geglaubt wurde.

Das heißt auf Jesus bezogen: Die Bibel wird von Jesus her gelesen. In der Person Jesu ist Gott erkennbar. Es kommt nun auf das Sehen an, denn die Verkündigung der Bibel hat sehr viel mit dem Sehen zu tun. Auch dies ist im Johannesevangelium an vielen Stellen greifbar, und hier wird es an der Heilung des Blinden geradezu beispielhaft erklärt. Wer Jesus sieht und an ihn glaubt, der ist erlöst. Alle anderen Hindernisse sind entfallen. Dieses neue Sehen zieht dann auch ein neues Verständnis von Blindheit nach sich. Wer in Jesus Gott nicht erkennen kann, der ist blind, auch wenn er noch so gut sehen oder religiös argumentieren kann. Das wird am Beispiel der Pharisäer in diesem Text verdeutlicht. Wer Jesus und alle, die zu ihm gehören, ausstößt, der ist Gott gegenüber blind und stellt sich selbst außerhalb der Gemeinschaft mit Gott. In dieser Hinsicht ist die Verkündigung des Johannesevangeliums radikal konsequent.

Was heißt das nun für uns?

Es kommt für uns beim Lesen der Bibel darauf an, ob wir Gott in Jesus erkennen und wahrnehmen und nicht, ob wir Glaubenslehren oder dogmatische Wahrheiten daraus lesen. In Jesus ist Gott menschlich sichtbar. Die Gesten der Gnade und der Heilung, die Jesus uns vermittelt, sind die Gesten und Handlungen, in den sich Gott uns mitteilt. Gott ist uns menschlich nah. Radikal gesagt: Jesus missachtet den Sabbat und heiligt den Alltag. Nicht die Klugen und Weisen, nicht die Privilegierten hat Gott erwählt, sondern die, die sich die Augen durch ihn öffnen lassen. Und die dann dazu stehen und glauben.

Amen.

# Menschenwürde. Nach Psalm 8.

Du Gott, bei dir bin ich geborgen,
Hältst du doch alles in der Hand.
Du kannst für alle Länder sorgen,
Regierst den Himmel und das Land.

Du, Gott, die Kinder fröhlich singen,
Und Babys lachen immerzu.
Wenn Gegner uns auch Nöte bringen,
In deiner Hand wir finden Ruh.

Du, Gott, ich sehe auf den Himmel
Und freue mich, was du gemacht,
Den Hund und auch den weißen Schimmel.
Der Mond steht da und hält die Wacht.

Du, Gott, du hast im weiten Weltall
Noch Zeit für jedes Menschenkind.
Du hältst die Menschheit ohne Zufall,
Die Würden uns gegeben sind.

Du, Gott, gibst uns ein teures Lehen,
Denn alles hier gehört nur dir.
Lass uns nun leben und vergehen,
In unsrer Welt, im Jetzt und Hier.

Du, Gott, schaffst uns den Sinn des Lebens,
Und dafür sind wird dankbar hier,
Es ist kein Atemzug vergebens,
Denn unser Weg geht nur zu dir.

# Frieden und Gerechtigkeit. Nach Psalm 147.

Du, Gott, ich will dir immer singen.
Ich schreib dir neue Lieder auf.
Zurück du Flüchtende wirst bringen.
Du ziehst die alte Welt neu auf.

Du, Gott, ich sing jetzt neue Lieder
Und glaub an die Gerechtigkeit.
Du gibst uns morgen alles wieder,
Denn längst liegt es für uns bereit.

Du, Gott, ich denke nicht an Waffen.
Ich glaube nicht an die Gewalt.
Kannst du uns jetzt den Frieden schaffen.
Es fällt schon Schnee, bald ist es kalt.

# Empfangene Liebe weitergeben – Johannes 15,9-17

***21. Sonntag nach Trinitatis 2007***

<u>*Lesung:*</u>

*[9]So wie der Vater mich liebt, habe ich euch meine Liebe erwiesen. Bleibt in dieser Liebe! [10]Wenn ihr meine Gebote befolgt, dann bleibt ihr in meiner Liebe, so wie ich die Gebote meines Vaters befolgt habe und in seiner Liebe bleibe.*
*[11]Ich habe euch dies gesagt, damit meine Freude euch erfüllt und an eurer Freude nichts mehr fehlt.*
*[12]Dies ist mein Gebot: Ihr sollt einander so lieben, wie ich euch geliebt habe. [13]Niemand liebt mehr*
*als einer, der sein Leben für seine Freunde opfert. [14]Ihr seid meine Freunde, wenn ihr mein Gebot*
*befolgt. [15]Ich nenne euch nicht mehr Diener; denn ein Diener weiß nicht, was sein Herr tut. Vielmehr nenne ich euch Freunde; denn ich habe euch alles gesagt, was ich von meinem Vater gehört*
*habe. [16]Nicht ihr habt mich erwählt, sondern ich habe euch erwählt. Ich habe euch dazu bestimmt, reiche Frucht zu bringen, Frucht, die Bestand hat. Darum gilt auch: Alles, was ihr vom Vater in meinem Namen, unter Berufung auf mich, erbittet, wird er euch geben. [17]Dieses eine Gebot gebe ich*
*euch: Ihr sollt einander lieben! (Gute Nachricht Bibel)*

Liebe Gemeinde,

meine Erfahrung mit diesem Text ist, dass er eigentlich nicht unverständlich ist, da er wohl kaum unverständliche Worte enthält, aber dass man doch beim Hören gar nicht so richtig mitbekommt, was hier gesagt wird. Die Worte fließen irgendwie vorbei, wenn man diesen Text liest. Wir hören schon, dass Jesus hier mit seinen Jüngern spricht. Und dabei ist immer die Frage, wie wir darin vorkommen. Doch das ist jetzt noch nicht dran. Ich möchte zuerst nach den Worten und Gedanken des Textes selbst fragen. Wo sind unsere Gedanken hängen geblieben? Welche Stichworte haben wir überhaupt aufgenommen? Zuerst ist hier vom Vater die Rede. Das Stichwort Liebe wird damit in Verbindung gebracht. Der Vater ist Gott, der Vater, den wir auch im Vater Unser, im Gebet der Kirche anbeten. Dann ist eigenartigerweise von den Geboten die Rede. Warum stellt Jesus denn jetzt hier Gebote auf? Ist nicht seine Botschaft Befreiung und Evangelium, und jetzt ist hier von einem neuen Gesetz die Rede? Das ist wohl offensichtlich mit dem Wort Liebe gemeint. Und so ist zweimal von Liebe die Rede, einmal die Liebe als Geschenk und dann von einem Liebesgebot: Ihr sollt einander lieben. So ist es hier gesagt. Damit hat Liebe immer zu tun, mit dem Geliebt werden und mit dem Lieben. Niemand liebt mehr, als der, der sein Leben für seine Freunde opfert. Wenn ihr meine Gebote befolgt, dann seid ihr meine Freunde, sagt Jesus. Um das zu verstärken, sagt Jesus: Ich nenne euch nicht mehr Diener, sondern Freunde. Das bezieht Jesus dann auch auf die Berufung, die er ausgesprochen hat: Nicht ihr habt mich erwählt, sondern ich habe euch erwählt. Jesus hat aktiv gehandelt und hat die Jünger zu seinen Freunden gemacht. Die Freundschaft Jesu wird auf die Probe gestellt. Da sollen die Freunde nun Frucht bringen, etwas tun und Ergebnisse hervorbringen. Wir spüren, viel bleibt offen in diesem Text und irgendwie unklar, obwohl der Text eine klare Linie hat.

Ist es nicht so, dass viele Aussagen wieder neue Fragen eröffnen? Vielleicht wird es leichter, wenn man versucht, eine Aussage mit einer anderen zu erklären. Hier ist besonders viel vom Beten die Rede: Bittet in meinem Namen. Wie soll man zugleich Frucht bringen und Beten? Heißt Beten nicht auch, von Gott die Frucht zu erwarten? Und erstaunlicherweise endet dieser Abschnitt dann mit der erneuten Aufforderung: Ihr sollt einander lieben!

Als ich diesen Text am Dienstag im Konfirmandenunterricht vorgelesen habe, habe ich danach gefragt, welches Thema jeder einzelne in diesem Text erkennt. Dabei sind erstaunlicherweise zwei Themen genannt worden. Zum einen: Die Freunde Jesu führen das weiter, was der Vater gegeben hat. Dies bezieht sich klar auf die Menschen, mit denen Jesus hier spricht. Jesus bemächtigt seine Freunde, etwas weiterzuführen, was er als seinen Auftrag gesehen hat. Zum anderen die Aufforderung: *„Liebet einander!“* - als Ermahnung an die Jünger und Freunde Jesu gerichtet. Wenn beide Themen eng zusammengehören, dann heißt das: Obwohl der Auftrag der Jünger oft eine Rolle spielt, kommt das Wort Liebe in fast jedem Satz vor. Entweder ist es ein Gebot, oder es ist die Grundlage der Botschaft Jesu. Einerseits hat man die Liebe empfangen, und man bleibt dann in der Liebe. Und die Liebe wird dann in ein Gebot gefasst, das Liebesgebot. Das heißt doch, dass das Liebesgebot aufbaut auf Vertrauen. Wer Vertrauen empfängt, der kann dieses Vertrauen in Form von Liebe weitergeben. Das ist wie mit einem vollen Eimer Wasser, den man ausschütten kann, um damit anderen etwas zu geben. Wäre der Eimer leer, so könnte man nichts weitergeben.

Die Liebe ist das, was wir empfangen haben und weitergeben können. Jesus bezieht das hier ganz klar auf die Jünger. Heißt das nun, dass wir auch Jünger sind? Das möchte ich im Folgenden weiterführen:

Die Liebe ist gegeben. Wir sind nun aufgefordert, uns danach zu fragen, wo wir die Liebe empfangen haben. Es gibt Menschen, die können dies so nicht fühlen. Sie haben Liebe empfangen, aber sie können es nicht spüren und deshalb auch nicht nutzen. Wenn man sein eigenes Leben genau betrachtet, wird man sehen, dass man von Kindheit an aus der Liebe gelebt hat und dass Liebe immer da war. Sicherlich gibt es auch andere Erfahrungen, die diese erste Liebe überdecken können. Doch die Liebe zu entdecken, das ist immer wieder eine Aufgabe, um die es hier geht.

Das gilt auch für die Liebe Gottes. Wir können sie in den Botschaften, in den Worten der Bibel entdecken. Wenn wir diese Botschaft auf uns beziehen, dann entdecken wir, dass Gottes Liebe auch in unserem Leben gilt.

Und dann gibt es Menschen, die ein Beispiel sein können für die Liebe. Man kann sie vielleicht als Vorbilder bezeichnen. Das, was in erster Linie ja auch für Jesus gilt. Da kann man auch an Mutter Theresa denken, diese Frau, die fast 90 Jahre alt geworden ist, die ihr ganzes Leben den Armen gewidmet hat und einen Orden gestiftet hat. Sie hat es sogar geschafft, dass ein Ort für die Armen im Vatikan eingerichtet worden ist, ein Raum für nichtsesshafte Frauen und Männer Roms.

Mutter Theresa stammte ursprünglich aus der Nähe von Skopje, geboren 1910, als dieser Bereich noch zu Österreich-Ungarn gehörte. 1928 hat sie sich den Loretoschwestern angeschlossen und leitete in den 1930er Jahren eine Schwesternschule in Indien. Erst 1950 verließ sie den Ort der Klostermauern, um sich in den Slums um die Ärmsten der Armen zu kümmern und dort einen Ort für die Sterbenden zu schaffen.

Ein Satz von Mutter Theresa mag dies untermauern:

*„Lasse nie zu, dass du jemandem begegnest, der nicht nach der Begegnung mit dir glücklicher ist.“* (Zitat nach: http://www.evangeliums.net/zitate/suche.php - Stand: 22. Juni 2011)

Das hat Jesus uns vorgemacht. Er hat damit sogar eine Handlung verbunden, nämlich sein Tod am Kreuz. Er hat sein Leben für seine Freunde geopfert. Er ist seinen Weg der Liebe konsequent bis zu Ende gegangen, auch wenn er an das Kreuz führte. Jesus hat etwas für uns getan, und darin hat Gott unser Leben geschaffen. Wenn wir uns fragen, was für uns geschehen ist, dann beginnt der Glaube zu wachsen, aus der empfangenen Liebe.

Und daraus wird dann eine Aufgabe, denn diese Liebe kann man weitergeben. Die Liebe wird eine praktische Erfahrung, wenn sie durch die Menschen in die Welt kommt. Gott kann nur durch die Menschen wirken. Denn das ist im Vater Unser mit der Bitte gemeint: *„Dein Wille geschehe, wie im Himmel so auf Erden.“*

Diese Kraft der Erfüllung wird den Menschen gegeben. Sie haben das Geschenk der Liebe Gottes und das Geschenk des Vertrauens. Und dazu brauchen wir Menschen auch das Gebet, um die Liebe Gottes zu empfangen.

Dazu nenne ich zwei kurze Beispieltexte. Der erste ist die Erklärung zum „Vater Unser“ von Martin Luther in einer Kurzfassung: *„Dein Wille geschehe. Was heißt das? Gottes guter, gnädiger Wille geschieht auch ohne unser Gebet, aber wir bitten in diesem Gebet, dass er auch bei uns geschehe. Wie geschieht das? Wenn Gott allen bösen Rat und Willen bricht und hindert, die uns den Namen Gottes nicht heiligen und sein Reich Gottes nicht kommen lassen wollen* (aus: Martin Luther: Kleiner Katechismus, Das Dritte Hauptstück, Das Vater Unser, in: Evangelisches Gesangbuch, RWL, eg 855.3/ S. 1318).

Das zweite Beispiel ist ein Text von Dietrich Bonhoeffer, den man als sein Glaubensbekenntnis bezeichnet, Sätze, in denen Bonhoeffer während der Nazizeit, aber noch vor seiner Inhaftierung, seinen Glauben an die Zukunft ausdrückte:

*„Ich glaube, dass Gott aus allem, auch aus dem Bösesten Gutes entstehen lassen kann und will. Dafür braucht er Menschen, die sich alle Dinge zum Besten dienen lassen. Ich glaube, dass Gott uns in jeder Notlage so viel Widerstandkraft geben will, wie wir brauchen. Aber er gibt sie uns nicht im Voraus, damit wir uns nicht auf uns selbst, sondern allein auf ihn verlassen. In solchem Glauben müsste alle Angst vor der Zukunft überwunden sein. Ich glaube, dass auch unsere Fehler und Irrtümer nicht vergeblich sind und dass es Gott nicht schwerer ist, mit ihnen fertig zu werden, als mit unseren vermeintlichen Guttaten. Ich glaube, dass Gott kein zeitloses Fatum ist, sondern dass er auf aufrichtige Gebete und verantwortliche Taten wartet und antwortet.“* (aus: Dietrich Bonhoeffer: Nach zehn Jahren, in: ders.: Dietrich Bonhoeffer Werke (DBW) Band 8, Widerstand und Ergebung – Briefe und

Aufzeichnungen aus der Haft, hrsg. von Christian Gremmels, Taschenbuchausgabe, Gütersloh 2011, S. 30)

Ich möchte zusammenfassen:

Der Predigttext beruht auf einem Weg: Wer geliebt wird, kann weiterlieben. Wer im Vertrauen lebt, von Gott geliebt zu sein, ein Freund Jesu zu sein, dem wird all das zugesagt. Die erste Aufgabe ist: Entdecke die Liebe, die du empfängst!

Dadurch entwickeln wir ein Gefühl, dass Gott nahe ist und eine wirkliche Kraft in unserem Leben ist. Unsere Hand ist in der Hand Gottes, die uns nicht im Stich lässt. Aus dieser Zusage, geliebt zu sein, entdecken wir die Freundschaft zu Gott und mit Gott.

Daraus wächst die zweite Aufgabe: Entdecke die Liebe zu den Mitmenschen! – Auch ohne gleich Mutter Theresa sein. Es geht einfach darum, anderen Menschen den Eindruck zu geben, dass man ihnen vertraut und sie akzeptiert.

Und dann geschieht vielleicht das Dritte, dass man eine Aufgabe erhält, die das ganze Leben einnehmen kann, die man einen Beruf, eine Berufung nennen kann: Sich der Nächstenliebe das ganze Leben lang zu widmen oder Menschen in der Kirche zu unterstützen, die dies tun.

Gott lädt uns ein, in das Werk seiner Liebe einzutreten und mitzuwirken.

Amen.

# Die Zukunft kommt! Nach Psalm 72.

Du, Gott, bei allen, die das Volk regieren,
Da segne Reden, Handeln, Tun,
Dass sie vorm Volk nicht den Respekt verlieren,
Und nicht nur tun, was opportun.

Du, Gott, sie sollen uns das Recht verschaffen
Und allen, die in Sklaverei,
Dass zwischen Arm und Reich nicht Lücken klaffen,
Und nicht das Recht zu kaufen sei.

Du, Gott, gib Gut und Recht den wirklich Armen
Und denen, die sind krank und schwach.
Sie rufen heute: „Gib uns dein Erbarmen!
Hilf uns in unserem Ungemach.“

Du, Gott, wünschst allen Ruhm und reichen Segen,
Des Landes Wohlstand wachse an.
Es soll nur satte grüne Wiesen geben.
Die Zukunft kommt, es geht voran.

# Wer kommt zu uns? Nach Psalm 24.

Du, Gott, Begründer unsrer Erde
Mit allem, was darinnen lebt,
Dass sie auch noch bestehen werde,
Bist du von Anfang an bestrebt.

Du, Gott, lässt Menschen zu dir kommen
Mit Händen der Gerechtigkeit.
Zu dir zieh‘n ein die Guten, Frommen,
Für sie der Segen ist bereit.

Du, Gott, bist wie ein starker König.
Wir öffnen dir hier unsr‘e Tür.
Dein Reich kommt nah, auch wenn wir wenig.
Du bist schon da im Jetzt und Hier.

# Die neue Gesellschaft durch den neuen Geist – Johannes 16,5-15

***Pfingsten 2011***

<u>*Lesung:*</u>

*[5]Jetzt gehe ich zu dem, der mich gesandt hat. Doch niemand von euch fragt mich, wohin ich gehe. [6]Ihr seid nur traurig, weil ich euch dies alles gesagt habe. [7]Aber glaubt mir, es ist gut für euch, dass ich fortgehe; denn sonst wird der Helfer nicht zu euch kommen. Wenn ich aber fortgehe, dann werde ich ihn zu euch senden und er wird meine Stelle einnehmen.*

*[8]Wenn er kommt, wird er gegen die Welt auftreten. Er wird den Menschen zeigen, was Sünde ist und was Gerechtigkeit und was Gericht. [9]Die Sünde besteht darin, dass sie mich ablehnen. [10]Die Gerechtigkeit besteht darin, dass Gott mir Recht gibt; denn ich gehe zum Vater und ihr werdet mich nicht mehr sehen. [11]Das Gericht aber besteht darin, dass der Herrscher dieser Welt schon verurteilt ist.*

*[12]Ich hätte euch noch vieles zu sagen, doch das würde euch jetzt überfordern. [13]Aber wenn der Helfer kommt, der Geist der Wahrheit, wird er euch anleiten, in der vollen Wahrheit zu leben.*

*Was er euch sagen wird, hat er nicht von sich selbst, sondern er wird euch nur sagen, was er hört. Er wird euch jeweils vorbereiten auf das, was auf euch zukommt. [14]Er wird meine Herrlichkeit sichtbar machen; denn was er an euch weitergibt, hat er von mir. [15]Alles, was der Vater hat, gehört auch mir. Darum habe ich gesagt: Was der Geist an euch weitergibt, hat er von mir. (Gute Nachricht Bibel)*

Liebe Gemeinde,

die Pfingstgeschichte über den bunten Kirchentag in Jerusalem am dortigen Wochenfest, dem Erntedankfest der ersten Feldfrüchte, vor allem der Weizenernte, steht im Gegensatz zu diesem Text aus dem Johannesevangelium. Schon möchte man fragen, was denn diese Rede Jesu an seine Jünger, die Abschiedsrede genannt, mit dem Ereignis zu tun hat, das man den Geburtstag der Kirche nennt. Doch während wir noch so fragen, fällt auf, dass hier nicht nur vom Geist, dem Geist der Wahrheit, die Rede ist, der auch als der Helfer bezeichnet wird. Ja, um noch einmal einen Blick zurück auf Ostern und Karfreitag zu werfen, sagt Jesus hier über sich geradezu, er müsse fortgehen, damit der Geist kommt. Der Geist ist also nicht nur ein Stellvertreter für den Messias, der jetzt in den Himmel gegangen ist, sondern er ist die eigentliche Vollendung seiner Aufgabe. In der Sendung des Geistes wird die ganze Geschichte von Jesus Christus erst zum Ziel gebracht. Das heißt allerdings nicht, sich über den Tod eines Menschen am Kreuz zu freuen. Dennoch sehen wir in diesem Tod den Neuanfang dafür, dass der Geist herab gesandt wird und dieser das, was vorher nur von Einem gesagt wurde, den Vielen in den Mund legt. Sie werden nun zu Multiplikatoren, modern gesprochen. Ich glaube, dass dies auch der Kirchentag, der gerade in Dresden zu Ende gegangen ist, bewirkt: Keine eigentlich neue Botschaft oder revolutionär neue Bewegung zu entfachen, sondern das, was zu sagen ist, um so mehr Menschen in den Mund zu legen und diese Gemeinschaft real erfahrbar zu machen. Sie gaben sich dort in Dresden, so sah ich es im Fernsehen, ein neues Handzeichen, das Herz. Mit immer wieder neuen Zeichen und neuen Worten das zu sagen, was von je her zu sagen war, das ist die Aufgabe der Kirche und darum sind wir auch heute hier in diesem Gottesdienst.

Man sagt so schön: Der Verkündiger wird zum Verkündigten. Der Messias Jesus, wird zur Botschaft von Jesus Christus. Das kann doch nicht einfach nur eine leere Formel sein. So wie schon damals am Kreuz ersichtlich wurde, dass hinter dieser Messiasbotschaft ein gelebtes Leben stand und steht, so wird dies auch durch diese Botschaft immer wieder der Kirche gesagt. Doch dazu gehören auch klare Worte. Wir müssen uns von einer Vergangenheit lossagen, in der im Namen Christi Krieg geführt und Unterdrückung gerechtfertigt wurde. Das gilt auch für den Weltanschauungskrieg, der ja nicht wirklich mit realen Waffen geführt wird. Letztlich hat die Kirche in ihren vergangenen Kreuzzügen ja auch nichts anderes gemacht, als den Kriegswillen, der irgendwie politisch und wirtschaftlich gewollt war, nur geistlich zu rechtfertigen. Ich möchte dazu aber jetzt gar keine konkreten Beispiele geben, obwohl sie auch auf der Hand liegen, weil es einfach nur darauf ankommt, dass die wirkliche Botschaft Jesu in die Mitte unseres Handelns und Denkens kommt. Der Heilige Geist ist doch faktisch nichts anderes, als der auferstandene Christus in anderer Gestalt. Er kommt zu uns in Brot und Wein und in seinem Wort und verwandelt unsere Gedanken und unser Leben. Er verbindet uns zu einer Gemeinschaft, zur Kirche Jesu. Der Heilige Geist spielt sich in unseren Köpfen ab. Der Heilige Geist schwebt nicht mehr über der Erde wie am ersten Schöpfungstag, sondern ist eingegangen in unser Leben und will hier unter uns etwas bewirken. Er will bewirken, dass Jesus da ist und Gestalt annimmt. Das geht nicht ohne Vermittlung. Daher ist es gut, diesen Text des Johannesevangeliums aus den Abschiedsreden Jesu gehört zu haben, denn hier geht es um Vermittlung. Wir sollten die Worte dieses Bibeltextes daher einmal genau in ihrer Struktur hören und nach der darin enthaltenen Vorstellung von Vermittlung befragen.

Dazu müssen wir zunächst einmal Abstand nehmen. Sicherlich wird die Botschaft letztlich darauf hinauslaufen, dass der Geist zu uns persönlich kommt und auch für uns persönlich ein Helfer ist und Geist der Wahrheit, doch gemeint ist das hier noch nicht. Der Text stammt aus einer Erzählung, die angefüllt ist mit Reden Jesu. Ort ist die Stätte des Abendmahls. Nachdem Judas gegangen ist, eröffnet Jesus das Gespräch und spricht zu den Jüngern vom bevorstehenden Ereignis der Passion, das er hier schon als die Verherrlichung bezeichnet. Die Reden sind sicherlich keine Einheit, denn mehrmals wird auch das Kommen des Heiligen Geistes angekündigt. Jesus gebraucht Bilder, bezeichnet sich selbst als den Weg und den Weinstock. Mehrmals gibt er ihnen das Gebot, sich untereinander zu lieben und zu respektieren. Am Ende der Rede, bevor von Trauer und Abschied die Rede ist, kommt er noch einmal auf den Heiligen Geist zurück und erklärt die Vermittlung dessen, was von ihm selbst verkündigt worden ist. Ja, nicht nur die Verkündigung, die gesamte Sendung Jesu, des Messias wird in die Hände der Apostel gelegt. Sie werden, in der Kraft des Heiligen Geistes, die Christusbotschaft weitergeben. Dies sollten wir bewusst hören, weil damit die Kirche als Ganze gemeint ist und nicht wir persönlich. Wir können nicht jedes Wort der Bibel eins zu eins in unser Leben und unseren Geist übertragen, sondern müssen uns danach fragen, was damit ursprünglich gemeint ist und wie das auf die heutige Situation übertragen werden kann.

Dabei sehe ich in dieser Vermittlungslehre folgenden Aufbau:

1. Auffällig oft ist hier und an anderen Stellen die Rede davon, wer wo ist, wer zu wem gehört und wer zu wem geht. Die Einheit Jesu mit Gott, den er nur den Vater nennt, wird nicht nur hier mehrmals benannt, diese Einheit ist ja auch ein Grundbekenntnis des Glaubens. Doch im Pfingstevangelium wird diese Beziehung zur Traditionskette: Der Vater sendet Christus, Christus sendet den Geist und der Geist sendet die Apostel. Was hier nicht mehr steht ist: Die Apostel gründen die Kirchen. Ich finde es interessant, dass aus den Begriffen, die wir ja auch aus dem Glaubensbekenntnis kennen, keine starre Dogmatik gemacht wird, sondern eine Lehre von der Bewegung von

Gott zu den Menschen. So etwas gibt es auch an einer anderen Stelle: In der Schöpfungsgeschichte ist es ja bekanntlich Gott, der durch sein Wort Licht und Dunkel, Tag und Nacht, Sonne und Mond usw. hervorbringt. Als die Schöpfung dann aber weitergeht, spricht er zur Erde, sie möge nun selbsttätig Gras und Kraut und alles Leben hervorbringen. Der Geist der Schöpfung ist ein fließender Geist, der seinen eigenen Auftrag auch weitergeben kann.

2. Die Worte, die dazu gehören sind erstaunlich. Ich habe einmal die Tätigkeiten gesammelt, die im heutigen Text vorkommen:

   - Gehen und Fortgehen - *„wenn ich fortgehe"* sagt Jesus.
   - Geben - *„was der Geist an euch weitergibt, hat er von mir"*
   - Hören und Sprechen - *„wird er euch nur sagen, was er hört"*
   - Haben - *„was er euch sagen wird, hat er nicht von sich selbst"*
   - Gehören von und Gehören zu - *„Alles was der Vater hat, gehört auch mir."*
   - Gesandt sein - *„der mich gesandt hat"*
   - Sichtbar machen, anleiten, kommen, eine Stelle einnehmen, sind weitere Schlüsselworte des Textes.

   Das sind doch insgesamt sehr aktive Worte, die diesen Text prägen. Alle Beteiligten sind im ständigen Austausch, kommen und gehen, empfangen und geben weiter, hören und reden und gehören darin aktiv zusammen. Doch nun komme ich zur Frage der Bedeutung.

3. Nicht nur die Worte Vater und Sohn, die wir hier ja ganz von Jesus her wahrnehmen, sollten uns auf das Motiv einer Erbschaft hinweisen. Hier wird etwas abgegeben, was vorher ein Anderer hatte, der es ebenfalls von jemand Anderem bekommen hat. Natürlich wäre es einfach gewesen, direkt von einer Erbschaft zu sprechen, allerdings wäre damit die Gleichzeitigkeit nicht zum Tragen gekommen. Die Erbschaft bedeutet unter Menschen ein klares Nacheinander. Hier ist es aber so, dass der Vater kommt,

der Sohn kommt, und der Geist kommt, und die Apostel kommen; sie sind Erbe und Erblasser zugleich, doch sie bleiben gleichzeitig wirksam, was ja bei einer normalen Erbschaft nicht der Fall wäre. Daher ist Erbschaft hier ein Symbol, nicht aber eine Beschreibung einer alltäglichen Tatschache. Die Anklänge sind nicht zu übersehen. Fast wörtlich könnte man Zitate aus dem Gleichnis vom verlorenen Sohn hier einfügen, die das Erbe bezeichnen: *„Mein Sohn, du bist allezeit bei mir und was mein ist, das ist dein." (Lukas, 15,31).* Dieses *„allezeit"* verwandelt sich nun zu Pfingsten in einen ständigen Überlieferungsvorgang. Fakt ist: Gott sendet durch Jesus seinen Geist an die Apostel, die die Kirche gründen. Damit sendet Gott seinen Geist auch zu uns Christinnen und Christen. Doch worum geht es eigentlich? Was ist in diesem Erbschatz eigentlich drin? Was wird die Testamentsvollstreckung erbringen?

4. Vier Hauptbegriffe prägen den Inhalt: Es geht um die Sünde, es geht um die Gerechtigkeit, es geht um das Gericht, und es geht um die Wahrheit. Die Auseinandersetzung um diese Begriffe bezieht sich auf die Welt. Die Welt ist hier nicht einfach nur als der Lebensraum bezeichnet, in dem sich der Geist und die Menschen befinden, sondern die Welt ist so etwas wie ein Gegenspieler des Geistes Gottes. Dieser Gegenspieler wird durch den Geist der Wahrheit, den schon Jesus verkündet hat und der nun an die Apostel weitergegeben wird, überwunden. Ich sage bewusst nicht Sieg, weil es das nicht treffen würde. Ich sehe hier eher so eine Art Unterwanderung, ein Gang durch die Institutionen, so beschrieben es die Achtundsechziger. Keinesfalls eine Revolution im Sinn eines Aufstandes gegen die Repräsentanten der Macht, sondern die Unterwanderung ihrer Strukturen, eine Umwertung ihrer Werte. Die Begriffe werden hier neu, ausdrücklich von Jesus her definiert: *„Die Sünde besteht darin, dass sie mich ablehnen."*, sagt Jesus und meint damit Gott und den Geist gleich mit. *„Die Gerechtigkeit besteht darin, dass Gott mir Recht gibt."* Ein völlig neuer Begriff der Gerechtigkeit wird hier geboren. Gott lässt den Gekreuzigten nicht im Totenreich, sondern gibt ihm Recht durch die Auferstehung. Dieses Recht kann wohl nicht eingeklagt werden, aber es kann wenigstens schon einmal geglaubt werden. *„Das Gericht besteht darin, dass der Herrscher dieser Welt schon verurteilt ist."* Damit ist wohl nicht der Kaiser selbst gemeint, sondern seine Herrschaft. Der Herrscher der Welt ist der Geist der Welt, der Gegenspieler des Lebens, das Materielle, wer will,

das Kapital. Dem steht der Geist der Wahrheit gegenüber. Die Wahrheit sieht im Kreuz keine Niederlage, sondern ein *„Es ist vollbracht"*. Christus ist in Einheit mit dem Vater und lässt den Aposteln und damit uns allen seinen Geist zukommen. Das Modell der Erbschaft und der Gleichzeitigkeit des Messias im Geist der Wahrheit schafft nun tatsächlich eine neue Institution, die Kirche genannt worden ist, auch wenn sie sich in die unterschiedlichsten Gemeinden, Konfessionen und Sekten entwickelt hat. Letztlich steht sogar der Islam zum Teil in dieser neuen Quelle der Wahrheit.

Zum Abschluss der Predigt möchte ich nun fragen: Wie kann diese Vermittlung, von der hier die Rede ist, heute in unserer Zeit verstanden werden? Wie eine Wolke den Regen über das ganze Land verteilt, so verteilt sich dieser Geist in jede Ritze der menschlichen Gesellschaft, ganz global und grenzenlos von Anfang an. Das zeigt ja immer wieder die köstliche Aufzählung der Völker in der Pfingstgeschichte, die für jede Lektorin einige Zungenbrecher bereithält. Die Zeitenwende der Geburt dieser Institution des Geistes Jesu als vom Vater ausgehend, hat, wie schon zu Beginn gesagt, auch zu manchen Entgleisungen geführt. Da hat man manchmal den Geist der Welt mit dem Geist Jesu schlicht verwechselt. Die Aufzählung von den Kreuzzügen bis hin zum Holocaust erspare ich uns heute. Wichtiger ist, dass wir auch heute an der Stufe einer neuen Gesellschaft stehen, in der ganz dringend der Geist dieser Kirche gebraucht wird, der ja nur durch unsere Köpfe in die Gesellschaft hineinwachsen kann.

Kürzlich hat der Philosoph Dirk Baecker 15 Thesen zur nächsten Gesellschaft veröffentlicht. (Siehe: Backer, Dirk: Zukunftsfähigkeit, 15 Thesen zur nächsten Gesellschaft, Juni 2011, http://www.dirkbaecker.com/15Thesen.pdf, Stand: 06. Juli 2011) Angeregt durch seine Gedanken will ich nun in ebenfalls 15 Sätzen kurz skizzieren, worin eine Einheit der neuen Gesellschaft und dem Auftrag der Kirche seit Pfingsten besteht:

- Die Wahrheit kommt ohne Vermittlung und Verbreitung direkt zu den Menschen, weil sie geistig ist und grenzenlos.

- Die Gesellschaft ist nicht statisch, sondern flexibel, weil die Wahrheit wie ein fließendes Wasser sich immer neue Wege sucht.

- Das heutige Wort für die Herrschaft des Geistes ist Vernetzung. Von Herrschaft kann hier eigentlich gar nicht mehr die Rede sein, denn alles ist eben miteinander vernetzt. Alle haben die gleiche Wahrheit und den gleichen Geist in unterschiedlicher Gestalt.

- Das, was die Welt bestimmt, ist entlarvt und entmachtet.

- Auch wenn die Tradition, Gott als Vater und als Christus in der Vergangenheit liegt, so ist die Quelle der Wahrheit immer wieder die Gegenwart des gepredigten Wortes und des praktizierten Zeugnisses.

- Wirtschaft und Handel sind unkalkulierbar. Worauf also sein Vertrauen setzen? Der Glaube gründet auf der Sicherheit des Vertrauens.

- Schönheit ist kein Wert an sich. Die Frage ist also, wozu die Welt und alles was sie ausmacht, gebraucht werden. Bilder und Kunst werden als nicht festlegbar erfahren, sollten aber deshalb nicht abgelehnt werden. Medien dürfen nicht an die Stelle der Wahrheit treten.

- Die Zukunft ist nicht durch den Menschen berechenbar und kalkulierbar.

- Die Religion zeigt auf, dass die Welt den Menschen fremd werden kann.

- Arbeit und Konsum offenbaren den Menschen, dass sie austauschbar sind. Dagegen predigt die Bibel, dass der Mensch Bild Gottes ist.

- Information und Geist sind besser als Magie, Macht und Geld.

- Individualität und Geist sind kein Gegensatz, sondern bedingen einander.

- Moral ist keine statische Ordnung, sondern Orientierung und Verantwortung.

- Die Negation, die aus der Bibel immer wieder herauszuhören ist, ist sehr aktuell. Diese Negation verurteilt die Prinzipen der Machbarkeit und der Oberflächlichkeit.

Hiermit habe ich die Beobachtungen eines kritischen Philosophen aus der christlichen Perspektive beschrieben. Das macht wohl auch die Aktualität und Attraktivität von Kirche heute aus, an diesen Geist zu glauben, der nicht aufgeht in den materiellen Strukturen, der von der Ewigkeit und von der Zukunft her denkt, der alles vom Standpunkt der Lebendigkeit und der Zugehörigkeit zum Ganzen, zu Gott sieht. Sogar im Verlust, im Kreuz, kann der Samen der Zukunft liegen. Dieser Geist ist kein Geist der Depression und der Selbstaufgabe, so ernst es auch um die Welt stehen mag.

Amen.

# Gerettet. Nach Psalm 30.

Du, Gott, hast wieder auf Ruinen
Den neuen Tempel aufgebaut.
Wir kriegen nicht, was wir verdienen.
Gerettet hast du unsre Haut.

Du, Gott, stehst fester als die Berge,
Auch wenn ich selbst vor Angst vergeh‘,
Und wenn ich mich vor dir verberge,
Vor lauter Leid die Gräber seh‘.

Du, Gott, erneut sind wir genesen,
Die Krankheit kam noch nicht zum Ziel.
Die Tränenzeit ist schwer gewesen,
Anhaben konnt‘ sie uns nicht viel.

Du, Gott, verwandeltst Leidgesänge,
Für mich in einen Freudentanz.
Statt dass ich alles schwarz verhänge,
Füllst du mir jeden Becher ganz.

# Trotz aller Sinnlosigkeit glauben – Johannes 19,30

***Karfreitag 2009***

<u>Lesung:</u>

*Johannes 19,30: Als nun Jesus den Essig genommen hatte, sprach er: Es ist vollbracht! und neigte das Haupt und verschied. (Luther-Bibel 1984)*

Liebe Gemeinde,

im Jahr 1996 führte die bekannte Rockgruppe aus Düsseldorf, „Die Toten Hosen" das folgende Lied auf: „Nichts bleibt für die Ewigkeit".

„Nichts bleibt für die Ewigkeit". Diesen Spruch las ich in der vergangenen Woche auf einer Todesanzeige und dachte spontan - das ist doch falsch. Doch vielleicht sollte man dann besser noch einmal den ganzen Text des Liedes anhören. (Die Toten Hosen: Nichts bleibt für die Ewigkeit, 1996, http://www.dietotenhosen.de/veroeffentlichungen_songtexte.php?text=singles/ewigkeit/ewigkeit.php Stand: 06. Juli 2011) Vielleicht hat dieser Satz dann eine etwas andere Bedeutung, als wenn man ihn einfach so schlicht und solo hört.

Die Rockband *„Die Toten Hosen“* hatten im Jahr 1996 wohl eine religiöse Phase: Da gab es noch das *„Vater Unser"* und die *„10 Gebote"* auf der gleichen CD. Auch andere Popgruppen greifen immer mal in die Religionskiste und holen etwas heraus, um auch auf dieser Ebene beim Publikum anzukommen. Denn die Menschen sind nicht areligiös, sie sind nur nicht mehr kirchlich religiös, und es dreht sich nicht mehr alles um die Religion. Religion steht einfach bei den meisten nicht im Zentrum. Da sind die Familie, der eigene Lebenssinn, der Beruf, die Karriere und nicht zuletzt auch viele Hobbys und Interessen, die noch wichtiger sind als die Religion. Die meisten wissen: Es gibt Stunden und Tage, es gibt Situationen in meinem Leben, da muss ich die religiöse Karte spielen. Das sind die wichtigen Punkte, wie Hochzeit und Beerdigung, und das sind die Lebenskrisen und das Alleinsein. Da wird dir bewusst, dass nichts für die Ewigkeit bleibt, was sonst zu deinem Lebenssinn gehört. Die Bibel nennt das die Götzen, die selbstgemachten Götter, die sind aus Holz, aus Metall aus Stein und vergänglich wie alles Natürliche. Wir erleben uns als natürliche Geschöpfe mit einem Leben zwischen Geburt und Tod und nicht als ewig. Die Menschen müssen sterben. Viele tun so, als käme der Tod in ihrem Leben nicht vor. Doch das ist falsch, denn der Tod gehört zum Leben dazu. Nichts bleibt von diesem natürlichen Leben für die Ewigkeit, denn einmal wird es heißen: *„Erde zu Erde, Asche zu Asche, Staub zum Staub."*

Doch trotzdem muss ich diesem Satz einfach widersprechen und habe ihn deshalb für die heutige Predigt dazugenommen, und ich möchte nur einen einzigen Satz aus der Kreuzigungsgeschichte des Johannesevangeliums aufnehmen und dagegenstellen: Jesus Christus spricht am Kreuz: *„Es ist vollbracht."*

Zunächst mag es scheinen, als ob hier nur noch einmal der letzte Atemzug eines bedeutenden und wichtigen Menschen angesprochen wird, der eben auch den Schlussstrich unter sein Lebenswerk setzt: *„Es ist vollbracht!"* Wie ein Künstler gibt dieser Mensch seinem Leben einen guten und entscheidenden Sinn, indem er sein Werk vollendet und das vollbringt, wozu er da ist. Die Leistung gibt diesem Leben einen Sinn. Und so spricht er am Ende seines Lebens und nicht nur dann, sondern immer, wenn er oder sie etwas Entscheides getan hat: Es ist geschafft, es ist vollendet und getan. *„Es ist vollbracht."*

Nur am Kreuz, dem Galgen der Römer, da ist es ungewöhnlich. Die Kreuzigungsgeschichte ist ein Drama der Gewalt, die an diesem Menschen Jesus Christus und, was wir als Leser der Bibel ja auch wissen, an Gott selbst vollzogen wird. Weil Jesus für Gott steht, weil Jesus Gottes Reich verwirklicht und predigt und weil er in sein Eigentum gekommen ist, der ewige Gott, weil er Mensch geworden ist in Jesus Christus, wird dieser lebendige Gott in Jesus Christus am Kreuz zu Tode gebracht und mundtot gemacht. Nur durch den Tod Gottes in Jesus Christus am Kreuz kann man berechtigterweise unter Umständen sagen: *„Nichts bleibt für die Ewigkeit."* Gott muss diesen Weg gehen, den Jesus Christus stellvertretend für ihn geht: Verhöhnt als König der Juden mit einer Dornenkrone, dazu gegeißelt und geschlagen, blutend und ermattet, verleugnet, verraten und verlassen. Kein Bekenntnis hält bis in diese letzte Stunde. Ein menschliches Lippenbekenntnis bleibt nur bis zur nächsten Tat, bis zur nächsten Minute. Gott wird nicht nur Mensch in Christus, sondern lässt alle Herrlichkeit und alle Macht los. Am Kreuz Jesu offenbart Gott seine Hilflosigkeit und seine Machtlosigkeit. Die Frage: „Warum hat Gott das zugelassen?", offenbart diese Machtlosigkeit Gottes immer wieder neu, in Winnenden, in jeder Bombe, die in einem Krieg hochgeht, überall wo

Kinder missbraucht und geschlagen werden. Wo ist Gott da? Der allmächtige Gott ist Mensch geworden und in Jesus Christus ans Kreuz gegangen, da ist er, nirgendwo anders.

*„Es ist vollbracht."* Das genau ist vollbracht, dass dieser Weg Gottes in die Machtlosigkeit und in die Niedrigkeit, in die reine Menschheit in Jesus Christus vollzogen und in der Kreuzigung vollendet worden ist. Hier ist handgreiflich zu lesen und zu erkennen, was schon dem Apostel Paulus überliefert worden ist:

*„Er, der in göttlicher Gestalt war, hielt es nicht für einen Raub, Gott gleich zu sein, sondern entäußerte sich selbst und nahm Knechtsgestalt an, ward den Menschen gleich und der Erscheinung nach als Mensch erkannt. Er erniedrigte sich selbst und ward gehorsam bis zum Tode, ja zum Tode am Kreuz." (Philipper 2,6-8)*

*„Es ist vollbracht."* Der Herrscherthron Gottes ist leer. Gott ist Mensch geworden, und folglich musste er gerade in diesem Menschsein, in Jesus Christus auch das menschliche Sterben am eigenen Leib erleben und erfahren. Am Kreuz da bleibt eben nichts für die Ewigkeit. Da wird der Satz INRI - Jesus von Nazareth König der Juden - zur Farce, zur öffentlichen Zurschaustellung der Machtlosigkeit dieses unsichtbaren Gottes der Juden.

Warum spricht nun Jesus *„Es ist vollbracht"* ? Das hört sich doch an, als wäre genau das der Sinn. Als wäre genau dieses Ende, diese Sinnlosigkeit, diese Tragik der Sinn dieser Religion. Doch neigt Religion dazu, diesen Gegensatz nicht aushalten zu können. Gott muss, so schnell es geht, wieder auf seinen himmlischen Thron gesetzt werden und Jesus dann noch schnell daneben, als hätte es dieses Kreuz nicht gegeben. Schnell muss man dieses Sterben ungeschehen machen, als hätte es sich in der Geschichte der Kirche nicht noch einige Male wiederholt in den vielen Menschen, die für ihren Glauben ebenso sterben mussten wie Jesus Christus selbst. Jesus ist für uns gestorben, für uns alle, weil Gott sein Menschsein, seine Niedrigkeit gerade darin gezeigt hat. Und letztlich ist Gott ja auch nicht machtlos geblieben in Jesus Christus. Er hat nur die Machtlosigkeit der Gewalt offenbart. Er hat den Satz der Bergpredigt in die Tat umgesetzt, in dem es heißt: *„Selig sind die Sanftmütigen, denn sie werden das Erdreich besitzen." (Matthäus 5,5).* So wie es im Taoismus heißt, dass das weiche Wasser den harten Stein besiegt, so zeigt sich gerade in der Geschichte des Christentums im römischen Reich, dass das Kreuz, das Zeichen der Todesstrafe, zum Zeichen des Lebens wird.

Nicht durch Macht und Gewalt und nicht von seinem himmlischen Thron aus wird Gott der Herr bleiben, der er seit dem 1. Gebot ist, sondern gerade indem er diesen Thron verlässt und Mensch wird in Jesus Christus und in diesem Menschen Jesus Leiden und die eigenen Gottesferne und Sinnlosigkeit wahrnimmt. Diesen Weg geht Gott in Jesus bis zum bitteren Ende und spricht mit Jesus *„Es ist vollbracht"* und stirbt.

Der Weg geht nun weiter, nach Jesu Tod. Die Auferstehung ist eine Erfahrung des Lebens, des neuen Lebens aus dem Tod, eines neuen Leibes in einer neuen Gestalt. Es ist die Erfahrung, dass das Leben noch andere Dimensionen hat als die, die mit dem letzten Atemzug ausgehaucht werden. Damit wird am Kreuz gezeigt, dass der Satz *„Nichts bleibt für die Ewigkeit"* nichts anderes beschreibt, als die Unfähigkeit, nicht über den Tag des Todes hinausschauen zu können. Gott ist in Jesus nicht nur gestorben, sondern er ist auferstanden. Das neue Leben wird spürbar und erfahrbar in den vielen Zeichen, die die Gegenwart des Gekreuzigten in der Gemeinde und im Menschsein bezeugen. Das bringt die Gewalt nicht zustande, denn sie versucht, durch die Vernichtung den Menschen zu beherrschen oder zu besiegen. Neues Leben wächst allein aus der Erfahrung des Leidens und des Sterbens und der Hoffnung, dass der Weg auch jenseits des Grabes weitergeht. Dazu ist Jesus Christus für uns gestorben, dass wir den Glauben aus diesem Tod gewinnen, weil auch uns der Tod bevorsteht. Wir lernen aus dem Tod Jesu, dass die Erfahrung Gottes umfassender und reicher und weiter ist, als wir es uns vorstellen können. Wir lernen daraus, dass Gott eine Zukunft auch dort für uns bereithält, wo aus unserer Sicht keine Ewigkeit zu erkennen ist.

Und dann ist der Himmel auch nicht mehr leer. Aber es ein neuer Himmel und eine neue Erde geworden. Es ist das neue Jerusalem und nicht mehr das alte. Es ist die Stadt Gottes, die keinen Tempel mehr braucht, weil Gott überall in ihr ist und lebt. Für diese Zukunft ist Jesus Christus gestorben am Kreuz vor den Toren des alten Jerusalem auf Golgatha, der Schädelstätte.

Für uns gestorben, damit wir trotz aller Sinnlosigkeit glauben können, ohne immer nach der höheren Macht zu fragen, einfach, indem wir in dieser Menschlichkeit so leben, wie sie eben ist. Und indem wir dann auch immer wieder den lebendigen Gott und den lebendigen Herrn Jesus Christus in unserem Alltag wiederfinden. Natürlich geschieht so vieles, was wir nicht verstehen können und worunter wir leiden. Aber Gott zeigt uns, dass die Wege des Lebens dort weiterführen, wo wir nicht auf Gewalt setzen, sondern manchmal einfach auf Geduld oder auf Sanftmut oder vielleicht sogar auf Widerstand.

Jesus Christus spricht: *„Es ist vollbracht.“*

Amen.

# Gelübde. Nach Psalm 116.

Du, Gott, wenn ich oft zu dir bete,
Dann leihst du mir dein off'nes Ohr.
Wenn ich das Totenreich betrete,
Kommt mir dort alles dunkel vor.

Du, Gott, ich preise dein Erbarmen,
Denn als ich mir nicht helfen konnt',
Gabst Kraft du meinen schwachen Armen.
Jetzt seh' ich Licht am Horizont.

Du, Gott, ich preise die Gemeinde,
Und geb zum Dank ihr etwas ab.
Ich schwor's in Gegenwart der Feinde,
Würd' ich bewahrt vor Tod und Grab.

# Leben und Sinn. Nach Psalm 108.

Du, Gott, jetzt kann ich wieder richtig leben,
Mein Herz schlägt auch im rechten Takt.
Schon am Morgen sing‘ ich eben,
Mein Alltag wieder ist intakt.

Du, Gott, ich danke dir für deine Güte,
Die weiter als der Himmel ist.
Von dort bestrahlst du mein Gemüte.
Dein Geist in unser Leben fließt.

Du, Gott, mit dir find´ ich den festen Boden,
Auf dem ich auch zu Hause bin.
Wir gehen hin zu den Synoden.
In dir allein seh´ ich den Sinn.

# Das missverstandene Jenseits – Römer 8,18-25

***Vorletzter Sonntag des Kirchenjahres (Feier der Silbernen Ordination)***

Liebe Gemeinde,

vielleicht denken Sie gespannt, wie übt jetzt einer Rückblick, nach 25 Jahren Arbeit als Pfarrer? Doch da muss ich sie und euch enttäuschen. Dazu ist die Predigt nicht da. Die Predigt ist ein gemeinsames Hören auf das Wort Gottes, angeleitet durch die Gedanken des Predigers oder der Predigerin. Und genau das habe ich in der Erklärung zu Schrift und Bekenntnis von 25 Jahren niedergeschrieben und daran werde ich mich auch heute halten.

Ich lese den Predigttext, die Epistel dieses Sonntags in der Übersetzung der „Bibel in gerechter Sprache“:

*Ich bin überzeugt, dass das Leiden, das wir jetzt, zum gegenwärtigen Zeitpunkt erfahren, im Schein der göttlichen Klarheit, die sich an uns offenbaren wird, sein Gewicht verliert. Die gespannte Erwartung der Schöpfung richtet sich darauf, dass die Töchter und Söhne Gottes offenbar werden. Denn die Schöpfung ist einem Zustand der Gottesferne unterworfen, in dem nichts mehr Bestand hat – nicht aus freier Entscheidung, sondern gezwungen von einer sie unterwerfenden Macht. Sie ist aber ausgerichtet auf Hoffnung, dass auch die Schöpfung selbst aus der Versklavung durch die Korruption befreit werde, befreit in die in göttlicher Klarheit aufscheinenden Freiheit der Gotteskinder. Wir wissen, dass die ganze Schöpfung mit uns gemeinsam stöhnt und mit uns zusammen unter den Schmerzen der Geburtswehen leidet – bist jetzt! Denn nicht nur sie allein stöhnt, sondern auch wir, die wir schon die Geistkraft als ersten Anteil der Gottesgaben bekommen haben, wir stöhnen aus tiefstem Innern, weil wir sehnlich darauf warten, dass unsere versklavten Körper freigekauft und wir als Gotteskinder angenommen werden. Weil wir hoffen, sind wir gerettet. Aber eine sichtbare Hoffnung, ist keine Hoffnung. Denn welche Hoffnung hat Bestand im Blick auf das Sichtbare? Wenn wir auf etwas hoffen, das wir nicht sehen können, so gibt uns unser Widerstand die Kraft, drauf zu warten. (Bibel in gerechter Sprache)* Römer 8,18-25

Zuerst möchte ich auf die Frage eingehen: „Was ist Religion?“ Als Antwort auf die Frage bieten sich drei Möglichkeiten an. Die erste Möglichkeit ist: Die Religion ist ein Weltbild – eine Unterscheidung zwischen Jenseits und Diesseits. Es geht um eine andere Wirklichkeit als die normale, alltägliche, sinnlich erfahrbare. Die zweite Möglichkeit ist: Die Religion ist eine Praxis auf der Grundlage eines bestimmten Gedankengebäudes, das besagt: 1. Gott nicht erkennbar; 2. Gott hat sich in Christus offenbart; 3. Gott ist im Glauben erfahrbar, z.B. in der Gemeinde. Die Beschreibung von Religion lässt sich so aber nur im Glauben selbst nachvollziehen. Sie ist abgrenzend, auch wenn sie partiell funktioniert. Die dritte Möglichkeit ist: Die Religion ist eine andere Form von Erfahrung der Wirklichkeit. Damit setzt diese Definition nicht beim Jenseits, sondern beim Diesseits an.

Ich möchte jetzt keine Entscheidung zwischen diesen Möglichkeiten treffen, sondern ihre Fragestellungen einfach ein wenig vertiefen. Zunächst scheint es einzuleuchten, von einer anderen Wirklichkeit zu sprechen. Aber ist das wirklich richtig? Spricht die Bibel überhaupt vom Jenseits? Woher kommt diese Vorstellung eigentlich? Die Antwort ist: Von Aristoteles, einem nichtchristlichen Denker aus der klassischen griechischen Philosophie. Er wollte die Welt mit seinem logischen Denken bewältigen und kam zu folgender Schlussfolgerung:

*„Wenn aber nun nichts neben den einzelnen Dingen existiert, so wäre nichts gedacht, sondern alles nur sinnlich erfasst, und es gäbe von nichts eine Wissenschaft, es sei denn, jemand erklärte die Sinneswahrnehmung zu einer Wissenschaft. Weiter gäbe es dann weder etwas Ewiges noch etwas Unbewegtes (denn alle Sinnesdinge vergehen und sind in Bewegung). Aber gibt es nichts Ewiges, so kann es auch keine Entstehung geben. Es ist nämlich dabei notwendig, dass es etwas Entstehendes und etwas, woraus es entsteht, gibt; und das Äußerste aus dem etwas entsteht, muss unentstanden sein, da das Entstehen einmal zum Stillstand kommt und aus dem Nichtseienden ein Entstehen unmöglich ist."* (Aristoteles: Metaphysik, Stuttgart 1970, S.70f).

Die Erstursache ist das Unbewegte, aus dem alles andere entsteht. Das ist logisch. Und steht nicht in der Bibel: *„Am Anfang schuf Gott Himmel und Erde"*? Schon wurden Gott und die Erstursache im Denken gleichgesetzt. Ein Denkfehler, wie sich zeigen musste.

Aristoteles schließt logisch von der Wahrnehmung der Entstehung im Vollzug der Natur auf das Ewige, das als Grundursache der Entstehung allen Lebens gilt. Diese Sätze sind insofern entlarvend, als dass zu vermuten ist, dass diese Philosophie das Grundmuster unserer christlichen Lehre abgibt. Heute geht das naturwissenschaftlich nicht mehr so, das Bewegte aus dem Unbewegten und Ewigen zu erklären. Die Welt heute bildet eine Einheit, die nur durch die Naturwissenschaft erklärbar ist. Viele Menschen lehnen den Dualismus ab, der zwischen Gott und Mensch, Diesseits und Jenseits unterscheidet. Sie lehnen die Religion ab, weil sie sie automatisch mit der Lehre vom Jenseits gleichsetzen. Gott darf doch nicht der Lückenbüßer unseres Denkens sein! Das logische Denken des Aristoteles ist der Bibel fremd. Selbst das Jenseits kommt dort nicht vor. Das Wort sucht man in der Konkordanz vergeblich. Was sagt die Bibel dazu? Dazu können wir unseren heutigen Predigttext heranziehen. Paulus schreibt darin:

*Die gespannte Erwartung der Schöpfung richtet sich darauf, dass die Töchter und Söhne Gottes offenbar werden. Denn die Schöpfung ist einem Zustand der Gottesferne unterworfen, in dem nichts mehr Bestand hat – nicht aus freier Entscheidung, sondern gezwungen von einer sie unterwerfenden Macht. Sie ist aber ausgerichtet auf Hoffnung, dass auch die Schöpfung selbst aus der Versklavung durch die Korruption befreit werde, befreit in die in göttlicher Klarheit aufscheinenden Freiheit der Gotteskinder.*

Diese Sätze dürfen nicht durch den Unterschied von Gott und Welt, von Himmel und Erde, von Jenseits und Diesseits erklärt werden. Wo soll denn die Welt auf die Offenbarung der Kinder Gottes warten, wenn nicht im Hier und Jetzt? Unfriede wartet auf Frieden, Ungerechtigkeit wartet auf Gerechtigkeit, Krankheit wartet auf Gesundheit, Unheil wartet auf Heil. Wenn das Heil im Jenseits läge, wäre dieser Gedanke sinnlos. Gott im Jenseits zu sehen, ist vielleicht ein Machtthema. Aber warum soll denn der jenseitige Gott mehr Macht besitzen, als der diesseitige? Ein Beispiel für einen diesseitigen Glauben ist die Esoterik. Zugegeben: Rationalen Menschen, die Christen oft auch sind, kommt vieles Esoterische skurril vor. Aber sagen wir Christen nicht auch, dass wir nicht nur das glauben dürfen, was wir hören und sehen? In unserer Welt sind Mächte und Gewalten am Werke, und zwar in der Gemeinschaft der Menschen selbst. Esoteriker sehen die Welt auch als Einheit, lehnen aber das naturwissenschaftliche Weltbild als zu eng ab. Sie ermahnen die Vertreter der Religionen: Wo bleibt bei euch das Gefühl, das Spirituelle?

Die Antwort auf unsere Frage nach Gott in der Wirklichkeit und der Wirklichkeit der Welt findet sich bei Dietrich Bonhoeffer. Ich zeige: Das Christentum hat wie die Esoterik ein erweitertes Wirklichkeitsverständnis, damit ist jedoch kein Jenseits, keine zweite Wirklichkeit gemeint. Wenn Bonhoeffer in seiner Ethik das Wirklichkeitsverständnis entfaltet, so bedeutet es für ihn, dass das alltägliche, normale Erleben des Menschen unter dem Anspruch steht, als Wirklichkeit erfahren zu werden. Trotzdem ist der Wirklichkeitsbegriff zugleich christlich gemeint, indem die Erfahrung und die Verkündigung Gottes von der letzten Wirklichkeit zu handeln haben. In der Frage nach dem Guten wird Jesus Christus konsequenterweise als die Erfahrung des Guten bezeichnet, und zwar gerade mit dem Begriff der Wirklichkeit. Bonhoeffer schreibt: *„In Jesus Christus ist die Wirklichkeit Gottes in die Wirklichkeit dieser Welt eingegangen."* (Dietrich Bonhoeffer Werke (DBW), Band 6 Ethik, hrsg. v. Ilse Tödt u.a., Gütersloh 1998, S.39)

Das Gute und die Realität der Welt sind hier fast deckungsgleich. Damit wird ein Gedanke aus dem Christus-Hymnus des Philipperbriefs aufgegriffen, der von Gottes Machtverzicht handelt und damit in Christus die Wirklichkeit Gottes in die Nähe der menschlichen Wirklichkeit rückt. Es heißt dort: *„Er entäußerte sich selbst."* (Philipper 2,7) Die Unterscheidung zwischen der Wirklichkeit Gottes und der Welt führt nicht zu einem Dualismus, denn die Wirklichkeit Gottes ist unteilbar und enthält, in Christus, die Wirklichkeit der Welt. Auch wenn es einen Unterschied zwischen profan und sakral geben mag, so gibt es dennoch keine zwei Wirklichkeiten. Bonhoeffer sagt: *„Es gibt nicht zwei Wirklichkeiten, sondern nur eine Wirklichkeit, und das ist die in Christus offenbar gewordene Gotteswirklichkeit in der Weltwirklichkeit."* (ebd. S. 43)

Für die Welt folgt daraus, dass sich ihre Bedeutung und ihr Schicksal in Christus erschließen. Es ist klar, dass dies eine religiös gewertete Interpretation von Wirklichkeit ist, die dennoch an der Einheit von Erfahrung festhält und keine Aufspaltung zulässt. Daraus folgt, dass es nicht eine speziell reservierte Sphäre des Religiösen in der Welterfahrung gibt. So gibt es das Christliche eben auch nicht anders als im Weltlichen. Das heißt aber nicht, dass sich das Weltliche zu verselbständigen hat, wie es auch nicht heißt, dass sich die Religion in der Welt verselbständigt. Das Raumdenken, wie es Bonhoeffer nennt, ist ein gesetzliches Denken. Es gibt kein wirkliches Christsein außerhalb der Wirklichkeit der Welt: *„Es gibt keinen Rückzugsort des Christen von der Welt (...)"* (ebd. S. 47) Es ist ein Irrtum, das speziell Christliche an einer Form der Innerlichkeit erkennen zu wollen, jedenfalls nicht in einer von der Welterfahrung losgelösten Form. Der Glaube an Christus bewirkt ein zweifaches Angehören, dass der Christ, die Christin ganz Christus angehörend, zugleich ganz in der Welt steht. Ausgehend vom Schöpfungsgedanken ist auch klar, dass es kein Stück Welt gibt, das nicht in Jesus Christus von Gott angenommen wäre.

Beweise dafür finden sich ganz einfach bei Paulus im heutigen Predigttext: *Wir wissen, dass die ganze Schöpfung mit uns gemeinsam stöhnt und mit uns zusammen unter den Schmerzen der Geburtswehen leidet – bist jetzt! Denn nicht nur sie allein stöhnt, sondern auch wir, die wir schon die Geistkraft als ersten Anteil der Gottesgaben bekommen haben, wir stöhnen aus tiefstem Innern, weil wir sehnlich darauf warten, dass unsere versklavten Körper freigekauft und wir als Gotteskinder angenommen werden. Weil wir hoffen, sind wir gerettet. Aber eine sichtbare Hoffnung, ist keine Hoffnung. Denn welche Hoffnung hat bestand im Blick auf das Sichtbare? Wenn wir auf etwas hoffen, das wir nicht sehen können, so gibt uns unser Widerstand die Kraft, drauf zu warten.*

Von diesem Text her fasse ich kurz zusammen und sage, was Religion, was Glauben ist, denn Religion ist Glauben.

Was ist Glauben?

- Glaube ist ein Gefühl der Abhängigkeit von und der Zusammengehörigkeit mit den Kräften des Lebens.
- Glaube ist die Erfahrung eines neuen Lebens im alten, die Erfahrung eines neuen Geistes.
- Glaube ist die Erfahrung, über den Tod hinaus mit Gott in Verbindung zu bleiben.
- Glaube ist die Erfahrung, die von der Gefangenschaft im Denken befreit.

Amen.

# Die Erde ist bunt (Melodie EG 490). Nach Psalm 104.

Du, Gott, spannst aus den weiten Himmel,
Dort sind die Wolken auf dem Weg.
Du ziehst sie mit dem weissen Schimmel.
Ich seh's im Wasser vor dem Steg.

Du, Gott, gießt Wasser auf die Höhen,
Und in den Wäldern fließt der Bach.
Getränke gibst du auch den Flöhen
Und uns den Wein und Brot und Dach.

Du, Gott, tränkst auch die hohen Bäume.
In weiten Ästen spielt der Wind.
Auch Dachse sollen nichts versäumen.
Im Frühjahr bringt der Storch ein Kind.

Du, Gott, am Himmel zieht die Sonne,
Und manchmal trifft sie auch den Mond.
Die Menschen finden ihre Wonne,
Die Arbeit geht, die Leistung lohnt.

Du, Gott, ich will dich immer preisen
Und singen laut mein Leben lang,
Sogar im Winter wie die Meisen
Dich preisen mit dem Lobgesang.

# Erntedank. Nach Psalm 65.

Du, Gott, zu dir die Menschen kommen.
Glücklich sind die, die du erwählst.
Ich glaub, es sind nicht nur die Frommen.
Die Erd‘ du ganz in Händen hältst.

Du, Gott, ich seh‘ die hohen Berge,
Bestaun‘ die Wunder der Natur.
Dagegen sind wir fast wie Zwerge,
Doch auch die and´re Kreatur.

Du, Gott, wir danken für die Ernte,
Wir säen und wir ernten Korn.
Sogar der Regen feuchten lernte,
Zur Erntezeit ertönt das Horn.

# Der Glaube ist gelebtes Vertrauen – 1. Johannes 5,1-5

***Sonntag Jubilate 2010***

Lesung:

*[1]Wer glaubt, dass Jesus der Christus ist, der ist von Gott geboren; und wer den liebt, der ihn geboren hat, der liebt auch den, der von ihm geboren ist. [2]Daran erkennen wir, dass wir Gottes Kinder lieben, wenn wir Gott lieben und seine Gebote halten. [3]Denn das ist die Liebe zu Gott, dass wir seine Gebote halten; und seine Gebote sind nicht schwer. [4]Denn alles, was von Gott geboren ist, überwindet die Welt; und unser Glaube ist der Sieg, der die Welt überwunden hat. [5]Wer ist es aber, der die Welt überwindet, wenn nicht der, der glaubt, dass Jesus Gottes Sohn ist? (Luther-Bibel 1984)*

Liebe Gemeinde,

dieser Abschnitt enthält so etwas wie eine Kurzfassung der christlichen Existenz. Man soll an Jesus glauben, Gott lieben und seine Gebote halten und so die Welt überwinden. Was ich jetzt sage, mag die Geister scheiden: Das Bild der christlichen Existenz leuchtet heute nicht mehr ohne Weiteres ein. Egal von welcher Warte man aus die Fragen stellt, kommt man in der Beurteilung dessen was hier gemeint ist, zu einer Grundaussage. Alles läuft darauf hinaus, die Welt durch den Glauben zu überwinden, und wir fragen uns, was das eigentlich soll. Wozu in Gottes Namen sollen wir, die wir anfangen, uns in der Welt zurechtzufinden, die Welt überwinden? Nur wenn man die Konsequenz des Textes so zuspitzt, erkennt man, dass die Übersetzung nicht nachvollziehbar ist. Das alles hört sich schlüssig an und kann, wenn ein bestimmter Glaube vorausgesetzt wird, auch sinnvoll sein, aber warum und wieso, wird nicht so recht deutlich. Daher möchte ich uns nun noch eine zweite Bibelübersetzung anbieten, die sog. Volxbibel. Diese Bibel spricht einfache Sätze und ist manchmal etwas schlicht. Hier aber versucht sie, einzelne Aussagen in ganze Sätze zu fassen, was die ganze Sache verständlicher macht.

*[1]Jeder, der das eine glaubt, nämlich dass Jesus der Retter ist, den Gott uns schon vor langer Zeit versprochen hat, der gehört dazu! Er ist damit ein Teil von der Familie, weil Gott ihn damit neu geboren hat. Und jeder, der seinen Vater liebt, der liebt auch die Geschwister, die mit ihm in dieselbe Familie geboren wurden. [2]Ein gutes Zeichen, an dem man erkennen*

*kann, ob man die Geschwister in Gottes Familie liebt, ist Folgendes: dass wir Gott lieben und das tun, was er von uns will.* [3]*Unsere Liebe zu Gott kann man da dran erkennen, ob wir das tun, was er will, und das ist nicht so schwer.* [4]*Alles, was von Gott kommt, ist stärker als das, was aus der Welt kommt. Unser Vertrauen auf Gott, unser Glaube an ihn, sticht alles aus, was die Welt so zu bieten hat. Dieser Glaube, den wir haben, bedeutet, dass uns alle Probleme der Welt nicht mehr von Gott wegbringen können.* [5]*Ist doch klar: Wer sonst sollte es packen, diese Welt mit ihren Problemen zu besiegen, wenn nicht derjenige, der da dran glaubt, dass Jesus der Sohn von Gott ist?! (Die Volxbibel 3.0, Neues Testament, frei übersetzt von Martin Dreyer, Witten 5. Auflage 2008)*

Erst mit dieser Übersetzung wird deutlich, dass in diesem Bibeltext nicht einfach die Glaubensaussagen festgesteckt werden, sondern dass hier argumentiert wird. Das heißt, dass dieser Text auf eine Frage antwortet, und diese Frage lautet: Wie können wir an Gott glauben, wenn wir ihn weder sehen, noch sinnlich wahrnehmen können?

Die Argumentationslinie des 1. Johannesbriefes ist nicht nur an dieser Stelle eindeutig, indem er Lehre und Praxis miteinander verbindet. Das macht er an anderer Stelle mit dem Wort „Liebe" deutlich: *„Ihr Lieben, hat uns Gott so geliebt, so sollen wir uns auch untereinander lieben."* Oder ein anderer Satz lautet: *„Gott ist die Liebe, und wer in der Liebe bleibt, der bleibt in Gott und Gott in ihm."* Diese Sätze stehen nicht in unserem Predigttext, aber sie machen ein wenig deutlich, wie der 1. Johannesbrief argumentiert, eben indem er die Gestalt Gottes nicht theoretisch hinterfragt, sondern mit dem Zustand der Gemeinde und dem des eigenen Lebens verbindet. Leben und Lehre bilden eine Einheit, das will er damit sagen. Doch damit ist noch nicht klar, wo der Vorrang liegt, auf der Lehre oder auf dem Leben? Und was dieses Leben, diese Praxis zu bedeuten hat?

Doch an dieser Stellte des 1. Johannesbriefs ist es fast noch einfacher, noch schlichter, denn er setzt nicht beim Leben, sondern bei der Lehre an, oder besser gesagt bei der Grundeinstellung der einzelnen Christen, bei ihrem Glauben. Und ob der Glaube hier wirklich eine Zustimmung zur Lehre ist oder nicht vielmehr eine Grundeinstellung, ein Vertrauen zu sich selbst, zu Gott und zu anderen, dass sollten wir hier bewusst noch offen lassen. In der Geschichte der Kirche ist beides möglich gewesen. Manchmal wurde Glaube mehr als Glaubenslehre betont, und manchmal wurde mehr die Einstellung betont, das Gefühl der schlechthinnigen Abhängigkeit, das Gottvertrauen, die Zuversicht. So denke man an die Lieder „*Jesus meine Zuversicht und mein Heiland ist im Leben*" und „*So nimm denn meine Hände und führe mich*" (ev. Gesangbuch, EG RWL, 526 und 376).

In kurzen Sätzen fasse ich die Aussagen des Predigttextes zusammen:

1. Der Glaube ist der Zugang, die Eintrittskarte zu Gott, zur Gemeinde usw.

2. Der Preis des Zugangs wird von Gott bezahlt. Das heißt doch, dass keine Lehrvoraussetzung gemacht wird, kein Satz auswendig zu lernen ist, sondern dass es um die Annahme eines Geschenks geht, ja um das Verständnis des Lebens als Geschenk. Gottes Zusage in Jesus gilt allen Menschen. Das Leben ist ein Geschenk, Vertrauen die Gabe des Glaubens und Liebe die Konsequenz.

3. Die Liebe zu Gott wird am Verhalten erkannt. Dies in zweifacher Form: Zum einen in der Beziehung zu den Anderen und zum anderen im Halten der Gebote. Beides ist der Respekt vor Gott, der die Beziehung zu den Anderen wie die Gebote geschenkt hat. Um es mit einem Vergleich zu sagen: Der Vulkanausbruch wird also hier nicht mit Feuer und Lava beschrieben, sondern mit seinen Auswirkungen, der Staubwolke. Gott selbst ist und bleibt unerkennbar, unsichtbar und verborgen. Der Glaube selbst ist aber so unsichtbar wie Gott auch. Nur an der Auswirkungen mag man ihn erkennen.

4. Doch erst der letzte Punkt wird zum Anhaltspunkt, zum Dreh- und Angelpunkt: Der (unsichtbare) Glaube ist eine Macht gegenüber der Welt. Der Machtzuwachs, der aus dem Glauben erwächst, wird zu einer Krafterfahrung. Die Probleme der Welt, von denen kein einziges weggezaubert wird, erhalten nun ein Gegengewicht. Jesus, als Mensch, ist der Sohn Gottes. Er wurde verurteilt und gekreuzigt, am Kreuz ist er gestorben, aber auch auferstanden, erfahrbar im Leben seiner Gemeinde.

Das Ergebnis lautet bis jetzt, aus der Übersetzung Luthers: Die Bekräftigung eines Glaubensbekenntnisses hätte Konsequenzen für den Alltag. Nur wo Kirche draufsteht, ist auch Kirche drin. Das ist richtig, aber was heißt das für jeden persönlich? Ist Glaube eine Ideologie, ein Gedankengebäude? Wohl kaum! Hier hat uns der etwas andere Blick der Volxbibel auch eines anderen belehrt. Es wird die Frage beantwortet: Woher erhalten Menschen ein Gegengewicht zu den Problemerfahrung in der Welt und im Alltag? Der Glaube als Gegengewicht, als gelebtes Vertrauen, das ist die Aussage der christlichen Religion. Und was das bedeutet, kann letztlich kein Bekenntnissatz, sondern nur jeder Mensch im eigenen Lebensvollzug beantworten.

Doch allzu oft ist aus den Worten der Bibel nur eine kirchliche Lehre herausgehört worden. Und diese wird heute immer weniger verstanden. Das ist nicht nur eine Krise, sondern auch eine Chance zum Neubeginn. Das Christentum muss endlich als Praxis, als Lebensvollzug und nicht mehr als Lehre und Bekenntnis verstanden werden.

Ich möchte es noch einmal an der Gottesfrage verdeutlichen, auf die der Text ja antwortet:

1. Es gibt keinen echten Beweis für Gott, da er ja unsichtbar und unhörbar ist. Gott ist eine indirekt und symbolisch verstandene Erfahrung, die sich jeder einfachen Konkretion verweigert. Logisch gedacht, rational, ist kein Beweis eine Null. Und wenn wir rational denken, dann kommen wir von der Null immer wieder zur Null. Die einzige Aussage, die es gibt, ist: Der Glaube beweist Gott und Gott beweist den Glauben. Doch was soll das aussagen?

2. Die Kirche neigt nun oft zu einem falschen Weg, zum Scheinbeweis der Faktizität all dessen, was es in der Kirche gibt und was aus dem Glauben erwachsen ist: Kirche, Bibel, Erziehung, Feste, Taufe und Abendmahl bekräftigen den Glauben, doch sie beweisen ihn nicht. Rational gedacht kommt man nicht weiter. Das Ganze bläst sich auf zu einer riesigen Dogmatik, die aber, rechnerisch ausgedrückt, immer wieder bei dem landet, von dem sie ausgeht: Gott ist letztlich unbeweisbar und damit auch unbelegbar. Auf nichts anderes hat die Religionskritik immer wieder hingewiesen, und die Kirche hat es einfach tatkräftig ignoriert und trotzdem weiter mit Scheinbeweisen argumentiert.

3. Beachten wir doch noch einmal den anderen Weg. Der Atheismus zieht aus der Erkenntnis der Unmöglichkeit, Gott rational zu erkennen die Konsequenz, dass es Gott nicht gibt. Er schließt von einem Gedanken auf die Ganzheit der Welt. Doch auch hier ist ein Trugschluss am Werk, denn Logik, Verstand und Ratio beweisen nur sich

selbst. Auch die Aussage Gagarins, Gott sei im Weltall nicht zu finden, zeigt letztlich dieses kurzschlüssige Denken. Das Scheitern des Atheismus, weil er sich nur rational um sich selbst dreht, begründet für die Kirche aber letztlich gar nichts und untermauert keinen Scheinbeweis.

4. Nur die Grundaussage selbst, dass Gott eine unbeweisbare aber auch unwiderlegbare Größe ist, führt zu der Erkenntnis, dass Gott ausschließlich in der Erfahrung und im Gefühl wiederzufinden ist, und zwar nur so, wie jeder einzelne ihn als Symbol mit seinen eigenen Erfahrungen verbindet, sie also von Gott her deutet. Das heißt dann: Gott ist da, ohne ihn zu sehen. Gott ist Zukunft. Nur der Glaube zählt, Glaube im strengen Sinn als Nicht-Wissen, als Vertrauen. Weil die Kirche sich aber in einem Lehrgebäude der Bekenntnisse eingemauert hat, wurde dies im 20. Jahrhundert zuerst in der Kunst und in der Literatur erkannt.

Ein Beispiel dafür möchte ich am Schluss vorlesen: Rainer Maria Rilke im Brief an einen jungen Dichter, geschrieben einen Tag vor Weihnachten im Jahr 1903:

*„Und wenn es ihnen bang und quälend ist, an die Kindheit zu denken und an das Einfache und Stille, das mit ihr zusammenhängt, weil sie an Gott nicht mehr glauben können, der überall darin vorkommt, dass fragen Sie sich, lieber Herr Kappus, ob sie Gott denn wirklich verloren haben? Ist es nicht vielmehr so, dass sie ihn noch nie besessen haben? Denn wann sollte das gewesen sein? Glauben Sie, kein Kind kann ihn halten, ihn, den Männer nur mit Mühe tragen und dessen Gewicht die Greise zusammendrückt? Glauben Sie, es könnte, wer ihn wirklich hat, ihn verlieren wie einen kleinen Stein (...) Wenn Sie aber erkennen, dass er in ihrer Kindheit nicht war, und nicht vorher, (...) was berechtigt sie dann, ihn, welcher niemals war, wie einen Vergangenen zu vermissen, als ober er verloren wäre. Warum denken sie nicht, dass er der Kommende ist, der von Ewigkeit her bevorsteht, der Zukünftige, die endliche Frucht eines Baumes, dessen Blätter wir sind?"* (Rainer Maria Rilke, Briefe an einen jungen Dichter, Schriften zur Literatur und Kunst. Stuttgart 2009, S. 105f.)

Amen.

# Bei dir sein. Nach Psalm 84.

Du, Gott, bist Vater meines Lebens,
Und ich gehöre in dein Haus.
Ich rufe zu dir nicht vergebens.
Du liebst die Schwalbe und die Maus.

Du, Gott, lässt Menschen bei dir wohnen,
Wie Spatzenkinder in dem Nest.
Uns alle wirst du bald belohnen,
Weil sich bei dir gut leben lässt.

Du, Gott, lässt dort die Quellen sprudeln,
Wo vorher war nur trock'nes Land.
Wo Bomben uns're Welt besudeln,
Kommt Frieden dann aus deiner Hand.

Du, Gott, wirst Treffpunkt aller Leute.
Sie gehen bei dir aus und ein
Und singen für den Frieden heute,
Harmonischer Gesangsverein.

Du, Gott, bist uns'res Lebens Sonne,
Umgibst uns schützend wie der Schild.
Aus Liebe und des Lebens Wonne,
Wächst Frieden, der der Schöpfung gilt.

# In Gottes Gegenwart. Nach Psalm 34.

Du, Gott, befreitest mich von meinen Ängsten,
Und die Bedrängnis hörte auf.
Ich rief, als mir am allerbängsten,
Schutzengel passten auf mich auf.

Du, Gott, ich sag es allen jungen Leuten,
Vertraut Gott euer Leben an!
Nehmt nicht nur, was ihr könnt erbeuten,
Fangt Frieden an mit jedermann.

Du, Gott, wachst über uns mit deinen Augen,
Lässt reden in dein off'nes Ohr.
Hilfst denen, die an sich was taugen.
Wer Unrecht tut, der ist ein Tor.

# Wir bekommen das, was wir brauchen – Hebräer 4,14-16

***Sonntag Invokavit 2010***

Lesung als Epistel:

*[14]Weil wir denn einen großen Hohenpriester haben, Jesus, den Sohn Gottes, der die Himmel durchschritten hat, so lasst uns festhalten an dem Bekenntnis. [15]Denn wir haben nicht einen Hohenpriester, der nicht könnte mit leiden mit unserer Schwachheit, sondern der versucht worden ist in allem wie wir, doch ohne Sünde. [16]Darum lasst uns hinzutreten mit Zuversicht zu dem Thron der Gnade, damit wir Barmherzigkeit empfangen und Gnade finden zu der Zeit, wenn wir Hilfe nötig haben. (Luther-Bibel 1984)*

Liebe Gemeinde,

den Predigttext für den heutigen Sonntag haben wir bereits als Epistel gehört. Es ist der kurze Abschnitt aus dem Hebräerbrief 4,14-16.

Eine Zwischenfrage: Wie vielen ist der Text jetzt noch bewusst? Keinem? Das ist verständlich, denn erstens kam ja noch etwas danach, zwei Lieder, das Glaubensbekenntnis und das Evangelium. Und zweitens haben wir wahrscheinlich den Text schon beim ersten Hören und Lesen nicht wirklich verstanden und daher auch nicht behalten. Ich behaupte, das wäre sogar so, wenn ich den Text jetzt erst vorgelesen hätte. Jede Predigt, die nach dieser Vorbemerkung zur Tagesordnung übergeht, baut sofort eine Distanz zu den Hörerinnen und Hörern auf. Fakt ist: Ich als Prediger kenne den Text, sie kennen ihn nicht.

Daher möchte ich es heute mal bewusst anders machen, ja sogar ins Gegenteil verkehren, was ja auch nicht immer so sein soll. Ich werde den Predigttext noch einmal vorlesen, und das nun sogar mehrmals. Der Grund dafür ist die Frage der Bibelübersetzung. Ich kann mich noch an die Anfangsfrage jeder Bibelarbeit erinnern, bei der es hieß: Was will uns dieser Text sagen? Diese Frage mag zwar berechtigt sein, aber sie zeigt uns schon eines: Dieser Text ist nicht verstanden worden. In einer guten Übersetzung wird der Text aber so wiedergegeben, dass er verstanden wird. Daher sind in der letzten Zeit einige neue Bibelübersetzungen entstanden. Und ich möchte nun einfach einige dieser Übersetzungen lesen. Der Text ist nicht so sehr lang, so dass es möglich ist, die unterschiedlichen Übersetzungen zu lesen und dabei zu fragen: Worin sieht dieser Übersetzer den roten Faden des Textes? Was vermittelt er uns?

Einer der ersten dieser modernen Bibelübersetzer war Jörg Zink. Seine Übersetzung aus dem Jahr 1965 lautet:

*„So lasst uns gemeinsam an unsrem Bekenntnis festhalten. Denn wir haben einen überragenden Beistand, Jesus Christus, den Sohn Gottes, der alle himmlischen Welten durchschritt bis zu Gott selbst hin, der für uns eintritt, wie ein irdischer Priester im Heiligtum stellvertretend für die Menschen vor Gott steht. Denn uns vertritt nicht ein höchster Priester, der zu hoch stünde, um unsere Schwachheit nachempfinden zu können, sondern einer, der von allen Gefahren und Versuchungen bedroht war wie wir und ihnen doch nicht erlag. Darum lasst uns mit Freimut und Vertrauen vor Gott treten und seine Barmherzigkeit empfangen, seine Freundlichkeit, die uns helfen wird, wenn es Zeit ist."* (Jörg Zink, Das Neue Testament).

Auch wenn es immer noch schwierig sein mag, den roten Faden dieses Textes mit einem kurzen Satz zusammenzufassen, vielleicht haben Sie beim Lesen bemerkt, dass bei Jörg Zink kein unverstandenes Wort vorkommen kann. Die Worte, die er hier wählt, sind entweder bekannt, oder sie werden erklärt, wie das Wort Priester, der „stellvertretend für die Menschen vor Gott steht". So wie dieser Text hier vor uns liegt, brauchen wir keine Gedankenreise in das Tempelgebäude des alten Israels zu machen. Der Begriff des Hohenpriesters, der allenfalls Bibelkundigen noch aus der Passionsgeschichte bekannt ist, kommt hier einfach nicht vor. Er wird aufgelöst in ein Bild der Rangfolge, des „höchsten Priesters" von dem nun der Text sagt, dass Jesus nur dann ein Priester genannt werden kann, wenn man sich gleichzeitig von diesem Denken in Rangfolgen verabschiedet. Dieses Denken ohne Rangfolgen trifft auf Jesus zu, weil er jetzt im Himmel für uns vor Gott eintritt, wie ein Priester im Tempel. Jesus war einer von uns, weil er alle Schwachheiten kannte und in diesem Bewusstsein tritt er nun für uns ein, nicht kraft einer Institution oder einer Autorität, sondern kraft seiner Bewährung und kraft des Ortes, da er nun im Himmel, bei Gott ist. Diese Interpretation der Sendung Jesu aus der Tätigkeit des Priesters ist schlüssig erklärt. Das ist ein Symbol, das man auch noch dann nachvollziehen kann, wenn man selbst gar keine Priester kennt: Er tritt bei Gott für uns ein.

*„Darum lasst uns gemeinsam an unserem Bekenntnis festhalten."* So lautet die Einleitung und *„Darum lasst uns mit Freimut und Vertrauen vor Gott treten und seine Barmherzigkeit empfangen (...)"*. Die Frage ist nun: Wann treten wir denn vor Gott? Oder sind wir gar nicht mit diesem „Wir" gemeint? Wie können wir, mit Christus, die Barmherzigkeit Gottes empfangen? Wie kann sie unser Leben und Denken bestimmen? Es bleiben also noch Fragen, aber diese Fragen soll die Auslegung des Textes klären. Eine Übersetzung beantwortet nicht alle Fragen, aber sie zeigt klar, um welche Fragen es geht.

Wir sehen uns nun noch eine andere Übersetzung an, die Gute Nachricht Bibel:

*14 Lasst uns also festhalten an der Hoffnung, zu der wir uns bekennen. Wir haben doch einen
überragenden Obersten Priester, der alle Himmel durchschritten hat und sich schon bei
Gott, im himmlischen Heiligtum, befindet: Jesus, den Sohn Gottes.
15 Dieser Oberste Priester
ist nicht einer, der kein Mitgefühl für unsere Schwächen haben könnte. Er wurde ja genau
wie wir auf die Probe gestellt – aber er blieb ohne Sünde.
16 Darum wollen wir mit Zuver-
sicht vor den Thron unseres gnädigen Gottes treten. Dort werden wir, wenn wir Hilfe brauchen, stets Liebe und Erbarmen finden. (Quelle: Gute Nachricht Bibel)*

Interessant schon die Veränderung des ersten Satzes in Vergleich zur Übersetzung von Jörg Zink. Während Zink sehr stark das gemeinsame Bekennen, als einen bewussten Akt der Verbindung der Gemeindemitglieder betont, steht in der Guten Nachricht der Inhalt des Bekenntnisses für den Einzelnen im Vordergrund: *„Lasst uns also festhalten an der Hoffnung, zu der wir uns bekennen."* Ich finde die Variante, hier an die Hoffnung zu erinnern, durchaus sympathisch. Da wird ein Gefühl aufgegriffen, das vielleicht auf die Frage antwortet: Was geht mich das denn an, dass Jesus im Himmel ist? Ist es nur etwas, das sich auf die Gemeinde bezieht, oder bezieht es sich nicht auch auf jeden und jede Einzelne? Hier in dieser Übersetzung wird auch schon ein wenig mehr als bei Jörg Zink deutlich, dass wir davon ausgehen, dass dieser Bibeltext schon damals im Gottesdienst der Gemeinde vorgelesen worden ist, vielleicht sogar in oder mit einer Predigt. Die Erklärungen des Priesterbildes unterscheiden sich kaum. Doch trotzdem eröffnet sich für mich hier eine Frage: Wer war Jesus eigentlich genau, wenn er diese Schwachheiten und Schwierigkeiten des menschlichen Lebens durchlebte? Wurde er nur, wie es hier heißt, dadurch *„auf die Probe gestellt"*, und blieb *„ohne Sünde"* – oder durchlebte er die Versuchungen, ohne ihnen zu erliegen?

Die Formulierung „ohne Sünde“ macht hier, in der Guten Nachricht, das Verständnis schwierig, weil damit die Vorstellung einer gottähnlichen Gestalt Jesu suggeriert wird. Für mich jedoch ist Gott in Jesus wirklich Mensch geworden und nicht nur so etwas Ähnliches wie ein Mensch. Jesus hat das Leben nicht mit den Fingerhandschuhen der Göttlichkeit durchschritten, er hatte keinen magischen Ring wie Frodo in der Erzählung „Herr der Ringe“, durch den er sich unsichtbar machen konnte. Jesus hatte auch nicht in Drachenblut gebadet, wie der Held Siegfried, was ihn vielleicht unverletzbar gemacht hätte. Die Diskussion der Sündlosigkeit Jesu ist überflüssig, weil sie falsche Vorstellungen abruft. Jesus mag von der Kraft des Gebets und seiner Nähe zu Gott in der Lage gewesen sein, den Versuchungen des Lebens kraftvoll zu begegnen, aber das machte ihn nicht zu einem magischen Superstar, sondern eher zu einem Glaubensvorbild. Jesus war eher heilig als unantastbar. Trotzdem ist der nächste Satz dann wieder ganz hier bei uns: *„Darum wollen wir mit Zuversicht vor den Thron Gottes treten (...)“*. Was mir an diesem Satz gefällt ist „Zuversicht“, die dem Wort „Hoffnung“ im Anfangssatz entspricht. Hoffnung und Zuversicht sind die Werte, die uns diese Übersetzung vermittelt. Doch was heißt: *„Vor den Thron Gottes treten“*? Müsste hier nicht in Entsprechung zu dem, was von Jesus gesagt ist, vom Tod die Rede sein? Ist hier schon die Möglichkeit angesprochen, dass Christinnen und Christen damals mit der Gefahr zu rechnen hatten, wegen ihres Glaubens verfolgt oder gar getötet zu werden? Dann erinnert es uns an unseren eigenen Tod und damit auch an die Unverfügbarkeit unseres Lebens.

Ich möchte nicht schließen, ohne eine letzte Übersetzung ins Spiel gebracht zu haben, die Volxbibel, eine bewusst jugendgemäße Übersetzung, die jeden Bibeltext in eine einfache und möglicherweise vulgäre Sprache übersetzt, was ihn dadurch aber auch besonders verständlich macht:

*14 Leute, wir haben den besten Priester, den es gibt, Jesus! Er ist durch den Himmel gezogen, er ist der Sohn von Gott! Lasst uns ganz nahe bei ihm sein und uns vor allen Leuten radikal zu ihm bekennen. 15 Dieser höchste Priester, den es gibt, versteht uns, er weiß, was es bedeutet, auf dieser Welt zu leben, er war selbst da! Er ist aber bei keiner Versuchung schwach geworden, er hat es gepackt! 16 Wir können ohne Angst zu Gott kommen, er liebt uns! Bei ihm bekommen wir alles, was wir brauchen und wann wir es brauchen, nämlich seine Liebe und seine Zuwendung.* (Quelle: Die Volxbibel).

Da wir den Text jetzt schon ganz gut kennen, haben wir uns sicherlich über den Anfang gewundert - eine Umstellung: Statt mit „Bekenntnis" oder mit „Hoffnung" beginnt diese Übersetzung gleich mit dem Satz: *„Leute, wir haben den besten Priester, den es gibt, Jesus!"* Ich finde diese Wendung gut und mutig. Der Übersetzer setzt den Satz voran, den er für die Kernaussage hält, macht daraus eine Einleitung und gleichzeitig eine Zusammenfassung. Das ist genial und kann eine richtige Übersetzung des Urtextes anders anordnen! Der Satz ist kurz und schlüssig. Die Frage ist nun, ob diese Aussage wirklich zieht, denn sie setzt das landläufige Verständnis des Wortes Priester einfach voraus. Das ist heute ein kirchlicher Beruf. Jesu ist also ein toller Pfarrer! Ist das wirklich gemeint? Doch der Text geht ja weiter, es ist ja nur ein Aufreißer.

*„Er ist durch den Himmel gezogen! Er ist der Sohn von Gott!"* Einfach zwei ganz kurze Bekenntnisaussagen, keine schlüssige Dogmatik. Auch keine Erwähnung, dass das im Sinn einer Heilsgeschichte gemeint sein könnte. Jesus als derjenige, der den Himmel kennt und der Gott nahe ist. Das reicht zuerst. *„Lasst uns ganz nahe bei ihm sein und uns vor allen Leute radikal zu ihm bekennen."* Nun kommt also der Anfangssatz, die Aufforderung zu bekennen. Was heißt radikal? Ein gutes Wort, weil es den Aspekt aufgreift, den wir gerade gesehen haben: Vor den Thron Gottes treten kann aus der Radikalität des Bekenntnisses heraus geschehen. Ganzer und totaler Einsatz für Jesus, radikale Konsequenz. Was hier fehlt, ist noch der Gedanke der Hoffnung und der Zuversicht. Der Glaube wird hier fast eher eingehämmert, als im Gefühl verankert. Doch die sprachliche Klarheit, der Aufforderungscharakter und die Erwähnung der Radikalität gefallen mir. Vielleicht kommt die Zuversicht ja mit den nächsten Versen stärker in den Blick: *„Dieser höchste Priester, den es gibt, versteht uns, er weiß, was es bedeutet, auf dieser Welt zu leben, er war selbst da! Er ist aber bei keiner Versuchung schwach geworden, er hat es gepackt!"* Gar nicht schlecht: Er, der der höchste Priester ist, versteht uns und weiß, was es bedeutet, auf dieser Welt zu leben. Er hat also selbst erfahren, was Schwäche bedeutet. Das wird hier ja zugleich ausgesagt. Im Sinne der Versuchung ist er allerdings nicht schwach geworden, was wir ja angesichts der Versuchungsgeschichte im heutigen Gottesdienst (Lesung des Evangeliums Matthäus 4,1-11) auch gut nachvollziehen können. Der Schluss, den diese Übersetzung wählt, ist ja wieder durchaus nicht exklusiv: *„Er hat es gepackt!"* Das wollen wir doch letztlich alle, es packen, oder? Und so lässt mich dieser Schlusssatz regelrecht dahinschmelzen, denn nun

kommt diese Übersetzung tatsächlich auch auf der Ebene des Fühlens und Empfindens an: *„Wir können ohne Angst zu Gott kommen, er liebt uns! Bei ihm bekommen wir alles, was wir brauchen und wann wir es brauchen, nämlich seine Liebe und seine Zuwendung.“* - Gut bemerkt, wir bekommen nicht alles, was wir haben wollen, sondern nur alles war wir brauchen, das reicht: Liebe und Zuwendung.

Amen.

## "Wenn ich einmal reich wär‘..." Nach Psalm 73.

Du, Gott, das kann ich manchmal nicht verstehen,
Dass Menschen, die nicht steh‘n zu dir,
Im Leben so viel Gutes sehen,
So ganz im Gegensatz zu mir.

Du, Gott, so würd‘ ich dir sogar verzeihen,
Wenn ich auch etwas Reichtum hätt‘.
Stattdessen muss ich mir was leihen,
Und schlafe nicht im Himmelbett.

Du, Gott, sollt‘ ich denn ganz und gar vergessen,
Was du mir immer hast gesagt,
Dass nicht nur gilt, was Menschen essen,
Auch ob ihr Glauben unverzagt.

Du, Gott, bei dir find‘ ich den Sinn des Lebens,
Weil ich erkenne: Du bist nah!
An deiner Hand kein Schritt vergebens,
Du bist mein Freund, und du bleibst da.

# Verzeichnis der Bibelausgaben

Luther Bibel 1984: Die Bibel nach der Übersetzung Martin Luthers, Stuttgart 1985

Gute Nachricht Bibel: Gute Nachricht Bibel, Altes und Neues Testament, Stuttgart 1997

Bibel in gerechter Sprache, hrsg. von Ulrike Bail u.a., Gütersloh $^{3}$2007

Jörg Zink, Das Neue Testament, Stuttgart Kreuz Verlag, 4, 1968

Die Volxbibel 3.0, Neues Testament frei übersetzt von Martin Dreyer, Witten, 5, 2008

Printed by Books on Demand GmbH, Norderstedt / Germany